미래형 리더가 온다

A
Progressive

한국교회가 요구하는 4세대 리더십

L EADER

미래형 리더가 온다

백성훈
지음

꿈이 있는

원고를 읽기 시작하자 멈추지 못하고 끝까지 단숨에 읽었습니다. 읽는 동안 기쁨과 감격, 놀라움의 연속이었습니다. 저 역시 수년 동안 인격적 측면과 기능적 측면을 토대로 리더십을 가르쳐 왔지만, 인격적 측면 중 정서적 부분을 이토록 꼼꼼하게 서술하며 통찰력을 보인 책은 볼 수 없었습니다. 저자는 교회와 선교 단체 등 다양한 사역 현장에서 만난 리더들과 그가 경험한 리더십 이슈를 우울과 외로움 등 정서적 측면에서 아주 잘 풀어 내고 있습니다. 아울러 사회학적, 문화인류학적 분석 능력으로 리더십 영역에서 감춰져 있던 보화를 끄집어 낸 저자의 능력이 탁월합니다. 사랑하는 동역자가 사역의 현장에서 씨름하고 깨달은 바를 담은 이 책이 진정한 리더, 생명을 살리는 리더가 되기 원하는 분들에게 필독서가 되기를 기대합니다.

■   김만형 목사 (친구들교회 담임목사, 합동신학대학원대학교 교수)

저자는 오랫동안 찬양 사역을 하며 축적한 경험으로 수많은 찬양팀을 컨설팅해 왔습니다. 또한 김포에 '이름없는교회'를 개척하여 튼실하게 이끌고 있습니다. 개척한 지 얼마 되지 않아 코로나 팬데믹을 만났지만 제가 본 이름없는교회는 그 어떤 위축됨 없이,

훈련받은 건강한 성도들이 오직 복음의 능력과 영광을 드러내는 맑고 활기찬 교회입니다. 이 책에서 저자는 자신의 다양한 경험을 바탕으로 한국교회 리더십을 진단합니다. 특별히 신앙과 정서가 무너진 리더십 문제를 제기하면서, 어떻게 건강한 리더십을 회복하고 나아가 건강한 공동체를 운영할 수 있는지 설득력 있는 로드맵을 제시합니다. 틀에 박힌 이론이 아니라 경험에서 우러나오는 그의 통찰력은 단지 목사들만이 아니라 교회 리더들에게 도움이 될 것입니다. 모든 목회자와 찬양 사역자, 평신도 지도자에게 일독을 권합니다.

— 김명호 목사 (대림교회 담임목사, 전 국제제자훈련원 대표)

오늘날에도 기독교적 가치관으로 직면하는 문제에 대해 고민하는 리더들이 사역 현장에 존재합니다. 《미래형 리더가 온다》를 읽는 동안 시대가 필요로 하는 책이 나왔다는 생각이 들었습니다. 교회의 메시지(삶과 육)는 교회뿐만 아니라 세상을 향하고 있기에 보편적이고 대중적이어야 합니다. 과거는 먹고살기도 벅찬 빈곤의 시대였지만, 지금은 스트레스로 인한 불안과 우울증 등이 삶에 큰 영향을 미치는 정신적 빈곤의 시대입니다. 이러한 '정서의 시대'를 읽지 못하는 지도자들은 이 문제를 가볍게 여기고 있습니다. 저자는 시대를 읽는 눈으로 한국교회 리더십의 문제와 그 원인을 역사의 흐름 속에서 분석하고, 앞으로 나아가야 할 분명한 대안까지 제시하고 있습니다. 목회자와 교회의 리더 등 다양한 분야의 리더들에게 이 책을 강력히 추천합니다.

■   김상철 목사 (<제자 옥한흠> 감독, 베델회복공동체 대표)

오늘날 우리는 영광스러운 교회가 세상으로부터 지탄받는 안타까운 상황을 마주하고 있습니다. 일각에서는 한국교회의 위기는 곧 리더십의 위기로부터 왔다고 합니다. 특별히 코로나 19로 인해, 교회의 공동체성이 많이 훼손된 지금, 교회 안에서 건강한 리더의 역할은 매우 중요합니다. 저자는 이 시대의 정서적 흐름과 시대별 리더십의 유형을 분석하며, 오늘날 한국교회에 필요한 리더십을 소통과 공감에 능한 '미래형 리더십'이라고 명명합니다. 이 책에서 밝히고 있듯, 리더십의 역량은 끊임없이 훈련되어야 합니다. 이 책은 이제 막 리더의 자리에 선 사람들과 이미 오랫동안 리더로 섬기고 있는 사람들 모두에게 큰 도움이 될 것입니다.

■   김인성 목사 (함께하는교회 담임목사)

목사가 하얀색 물건을 지칭하며 말합니다. "리더가 빨간색이라고 하면 빨간색이라고 대답해야 합니다." 수천 교회가 도입한 훈련 프로그램의 내용이었습니다. 이는 훈련을 가장한 그루밍이자 가스라이팅입니다. 문제는 이를 순종이요, 강력한 리더십이라고 배우고 가르쳤다는 점입니다. 레오 부스(Leo Booth)는 "해로운 신앙은 일련의 가르침을 절대적으로, 의심 없이, 무비판적으로 받아들이는 데서부터 시작된다. 이러한 토대 위에서 하나님의 이름으로 남용이 저질러진다"라고 지적했습니다.

제가 오랫동안 사이비 종교 탈퇴자를 상담하며 발견한 사실이 하나 있습니다. 사이비 종교 구성원 대다수가 교회를 다녔다는 점입니다. 그들은 사이비 종교와 교회 사이에 이질감을 느끼지 못했다고 말했습니다. 사이비 교주와 목사의 다를 바 없는 모습 때문입니다. 성교육을 하면서 성 문제를 저지르는 사역자, 부부 세미나를 하면서 외도하는 사역자…. 아프지만 현실입니다. 저자의 접근 중 흥미로운 지점은 '리더의 무너진 정서'입니다. 그렇습니다. 역량의 문제가 아니라, 그가 처한 환경에서 기인한 정서적 문제입니다. 리더라는 이유로 문제를 덮기에만 급급하며 괜찮다고 합리화했던 무너진 정서 말입니다.

이 책은 '합리화'라는 큰 성을 무너트리고 건강함과 해로움을 분별하는 기준을 제시해, 우리가 어떤 신앙을 추구하는지 돌아보게 만듭니다. 너, 나, 우리 공동체의 현주소를 직면하게 합니다. 건강한 공동체를 세워가기 위해 부단히 애쓰는 저자이기에 곱씹어 읽을 가치가 충분합니다.

━

조믿음 목사 (바른미디어 대표)

이 책은 과거부터 오늘, 그리고 미래에 필요한 리더십이 무엇인지 숙고하게 합니다. 지금, 이 순간에도 다음세대는 교회를 떠나고 있습니다. 다음세대뿐만 아니라 부모 세대도 상식을 벗어난 교회에서 출애굽하고 있습니다. 건강한 공동체를 이루려면 지금 교회에 어떤 문제가 있는지 진단해야 합니다. 그런 가운데 이 시대는 주님이 원하시는 리더십을 온전히 회복하고, 주님의 영광을 드러내는 지도자를 기다리고 있습니다. 다음세대를 사랑하는 지도자, 섬김이, 그리고 리더에게 상처받은 다음세대에게 일독을 권합니다.

━

김영한 목사 (Next 세대 Ministry 대표, 품는교회 담임목사)

저자는 치열한 목회 현장에서 다양한 사역을 감당하며 꾸준히 리더십을 연구해 왔습니다. 그런 저자의 뜨거운 마음을 나눌 수 있어 매우 기쁩니다. 미래는 누구도 예측할 수 없습니다. 그러나 준비해야만 하는 숙제와 같습니다. 이 책은 하나님 나라를 품은 저자가 한국교회의 미래를 기대하며 애써 써 내려간 글입니다. 한국교회 리더들이 빛과 소망을 발견하고 미래형 리더로 나아가기를 소망하며 이 책을 추천합니다.

■ 　　　　　　　　　　　　홍민기 목사 (브리지임팩트 이사장, 라이트하우스 무브먼트 대표)

CONTENTS

1부
정서의 시대

4부
리더십 트레이닝

5부
미래형 공동체

한 형제가 나를 찾아왔다. 새로운 찬양을 작곡했는데 가장 먼저 들려주고 싶다고 했다. 늦은 밤 신촌의 밤거리는 가만히 있어도 우울함이 느껴졌다. 노상 카페에 앉아 그 형제가 만든 음악을 들었다. 찬양하는 그의 목소리는 나를 더욱 우울하게 만들었다. 그리고 점점 더 깊은 침묵 속으로 나를 이끌었다. 신촌의 황홀한 네온사인과 자동차 소리, 시끄러운 음악들이 잠잠해지고 내 마음은 끝없이 침잠했다. 어디까지 나를 끌어내릴지 궁금해졌다. 다행히 그런 걱정이 시작될 즈음에 찬양은 끝났다. 이어폰을 빼고 그에게 물었다.

"찬양이 왜 이렇게 우울하지?"

그는 예상했다는 듯이 대답했다.

"우울한 시대잖아요. 사람들이 우울한 음악을 찾아요. 저는 이왕 우울할 거라면 제 찬양을 들으면서 우울했으면 좋겠어요."

"찬양인데 들으면서 하나님이 생각나고 힘이 나고 은혜도 되면 좋지 않을까? 그래도 찬양인데 우울감을 주는 건 그렇네."

나는 내 소신을 피력하면서 찬양의 의미와 목적 등을 열심히 설명했다. 나중에 형제가 보낸 앨범을 받았는데 그는 자신의 소신을 바꾸지 않았다. 그의 앨범이니 당연히 그의 선택이 존중받아야 할 것이다. 하지만 나의 뇌리를 떠나지 않는 그의 한마디는 바로 이것이었다.

"우울한 시대잖아요."

아직도 기도가 부족한가?

우울함은 현대인을 대표하는 정서 중 하나다.

건강보험심사평가원 자료에 의하면 우울증 치료 인원은 매해 증가하고 있다. 2016년 64만 명, 17년 68만 명, 18년 75만 명에 이어 19년 79만 8495명으로 나타났다. 현재는 거뜬히 100만 명을 넘었을 것으로 추측한다.

대체 현대인들의 정서에 무슨 일이 일어난 것일까? 세상이 주는 외로움과 실패감으로 인해 마음의 병이 생겼다. 경쟁과 비교의 사회 분위기는 사람들의 정서를 무너뜨리고 있다. 방송가에서는 끊임없이 오디션 프로그램들이 쏟아져 나온다. 종류도 다양하다. 노래, 춤, 요리, 패션. 끊임없이 대결하여 누군가는 탈락하고 누군가는 우승한다. 기업에서는 학벌과 외모, 학교에서는 시험 성적으로 비교한다. 자영업자들은 고객들이 작성하는 온라인 별점을 근거로 동네, 지역 사회를 넘어 전국 단위로 평가받는다. 교회도 다르지 않다. 경쟁과 비교에서 비롯된 좌절감과 열등감, 우울감으로 현대 그리스도인의 정서가 급격히 무너지고 있다. 성도, 목회자 가릴 것 없이 우울증, 공황장애 같은 정신 질환으로 고통당하고 있다. 대안은 무엇인가.

"그냥 기도하면 돼요."

정말 기도만 하면 다 될까?

대검찰청 범죄 분석 통계에 따르면 성직자가 저지른 범죄가 2012년 5천 383건, 13년 5천 315건, 14년 5천 168건으로, 연간 5천 건이 넘는 것으로 밝혀져 충격을 줬다. 나 또한 목회자로 살면서 교회 안 성 문제를 수도 없이 목격해 왔으며, 이 중 상당수가 교회 목회자와 리더들에 의한 문제였음을 알게 되었다. 그만큼 교회 내에서 성 문제가 심각하다. 더욱 큰 문제는 많은 교회가 이런 성 문제에 대해 단지 기도하면 된다는 식의 단순하고 무지한 논리를 가지고 있다는 점이다. 실제로 기독교반성폭력센터가 지난해 전국 교회 출석 성도 800명과 목회자 212명을 대상으로 한 설문 조사에서 '한국교회가 성범죄에 대처하는 시스템을 얼마나 잘 갖추고 있는가'라는 질문에 절반 이상인 55.9%가 '잘 갖춰져 있지 못하다'라고 응답했다. 이런 실정인데도 아직 기도가 부족한가?

두 가지 정서적 문제

나는 이 사안에서 두 가지 정서적 문제를 감지했다.

첫째는 우울함과 외로움이다. 이 둘은 세트로 다닌다. 인간이 외로움을 느끼지 않은 적은 없다. 존재적으로 인간은 항상 외롭다. 게다가 경쟁 사회 속에 사는 오늘날의 그리스도인은 더욱 고립되고 우울하다. 이 외로움과 우울함은 스스로를 더욱 연약한 존재로 느끼게 한다.

"많이 외로웠어요."

교회 안에서 부적절한 이성 관계로 문제를 일으킨 사역자나 성도들의 단골 변명이다. 외로움이 면죄부가 될 수는 없다. 다만, 정서적 문제는 오늘을 살아가는 우리에게서 결코 분리될 수 없는 중요한 이슈이다.

둘째는 이기심이다. 이기적인 성향 또한 현대 사회를 상징하는 대표 정서이다. 사람들은 어떻게든 자기가 하고 싶은 것을 해야 직성이 풀린다. 어릴 때부터 부모가 자신이 원하면 무엇이든 다 해주었기 때문이다. 지식 없는, 무책임한 사랑이 유행이다. 상대방을 향해 가져서는 안 될 마음을 한번 품고 나면 아무도 막을 수 없다. 그래서 여전히 교회 안에 이런 이성 문제를 막아낼 방패가 없다. 외로움, 우울함, 이기심과 같은 부정적인 정서 문제를 해결하지 못한 사람이 리더로서 건강한 공동체를 이끌 수 있을까.

나아가야 할 길

2022년 현재, 1세대 리더들이 은퇴하고 젊은 2세대 리더들이 세워지고 있다. 젊은 리더들이 가진 정서와 성향의 문제를 해결하고 가야 한다. 이와 더불어 과거와 현재의 리더십을 분석하고 평가하여 한 단계 성장한 미래 리더십으로 나아가야 한다.

이를 위해 전에 없던 전혀 새로운 것이 필요한 게 아니다. 리더십에 대한 과거의 잘못된 인식을 버려야 한다. 끊임없이 경쟁하며 치열하게 살아야 하는 현실로 인해 그동안 놓치고 있었던 문제를 해결해야 한다. 그 문제 해결의 근원은 바로 '정서의 회복'이다.

리더는 외로움과 싸울 줄 알아야 한다. 더 나아가 건강한 정서를 가져야 한다. 리더도 사람이라 외롭고 우울하다. 하물며 늘 서로 다른 입장을 가진 사람들의 의견을 듣고 객관적으로 생각하고 판단해서 결정해야 하는 자리이니 오죽할까.

나는 20대 초반에 목회자가 되면서 처음 리더가 되었다. 비교적 어린 나이부터 리더로 살아오면서 수많은 정서적 아픔을 겪었고, 또 동시에 대안도 발견하게 되었다. 아무런 훈련과 노력 없이 그저 기도만 한 것은 아니었다. 기도와 함께 정서에 관한 고민과 연구, 건강한 정서를 다루는 훈련을 했다. 이를 통해 나는 훈련으로써 정서적 건강을 되찾을 수 있음을 발견했다.

이 책이 한국교회 리더십에 꼭 필요한 정서와 신앙의 본질을 회복시키고, 새 시대의 새로운 미래형 리더십으로 나아가는 길목이 되어 주기를 바란다.

2022년 8월
백성훈

1부
정서의 시대

1장

정서가 무너진 시대

존경하는 한국교회 목사님이 누군지 물으면 하나같이 손양원 목사님(1902~1950)과 한경직 목사님(1902~2000)을 거론한다. 감히 상상할 수도 없는 신앙의 본을 보이신 분들이기 때문이다. 사람들은 아직도 그런 삶을 살아가는 목회자를 갈망한다. 그래서 그 기대에 부응하지 못하는 목회자들을 보며 비난하기도 한다.

만약 내 삶에 가장 영향을 많이 준 목회자를 묻는다면 나는 다른 이름을 댈 것이다. 현재 내가 고민하는 많은 문제에 실재적인 답을 주고 본이 되는 분들이 주변에 있기 때문이다. 그들은 나의 '멘토'다. 그들은 비록 세상이 다 아는 유명인사는 아니지만, 나의 삶에는 지대한 영향을 주고 있다. 그들은 자신의 일상을 건강하게 살아갈 뿐 아니라 하나님의 성품을 닮아가는 삶이 무엇인지, 말씀을 통해 그리스도를 알아가는 지식에서 자라는 것이 무엇인지를 몸소 보여 준다. 나는 그들로부터 정서와 신앙의 많은 건강한 요소들을 배우고 있다.

오늘의 삶에서 나와 함께 이 시대를 살아가며 같은 고민을 하고, 일상의 사소한 것들까지 권면해 줄 수 있는 멘토. 이 시대는 그런 리더를 필요로 한다.

역사적으로 교회는 시대별로 어떤 리더를 찾았는지 살펴보자. 구약시대는 전쟁과 정복의 시대, 신약시대는 질병과 치유의 시대, 중세는 신학과 개혁의 시대, 현대는 정서와 회복의 시대라고 할 수 있다. 그리고 시대별로 각 주제를 잘 해결할 수 있는 리더들이 세워졌다.

교회사 속 시대별 리더

구약 성경에서 우리는 수많은 전쟁 이야기를 찾을 수 있다. 구약시대에는 하나님의 별명도 '전쟁의 하나님'이었다. 전쟁은 당시 인류 전체에 퍼진 문화였다. 전쟁에서의 승리가 곧 성공이고 구원이었다. 다윗의 시편도 온통 전쟁에서의 승리를 노래한다. 그 시편들을 보면 지금은 악인의 손에 고통을 당하고 있지만, 하나님의 승리를 기대하면서 믿음을 고백하는 내용이 많다.

신약은 질병의 시대였다. 예수님과 제자들은 사람들의 질병을 치료하는 기적을 가장 많이 베풀었다.

> 예수께서 모든 도시와 마을에 두루 다니사 그들의 회당에서 가르치시며 천국 복음을 전파하시며 모든 병과 모든 약한 것을 고치시니라.
>
> 마태복음 9:35

물론 예수님이 이 땅에 오신 가장 큰 목적이 병의 치유는 아니었다. 인류의 죄에 대한 형벌을 십자가에서 대신 감당하시고 3일 만에 부활, 승천하시며 구원의 사역을 확정하신 것보다 중요한 사역은 없다.

하지만 그 시대에는 질병을 치료하는 능력이 리더의 중요한 권위로 작용했던 것만은 사실이다. 사도행전 14장을 보면 사도 바울과 바나바가 1차 전도여행 중 루스드라 지역에서 많은 기적을 행했음을 알 수 있다. 특히 태어날 때부터 걷지 못했던 사람이 걷게 되면서 많은 사람이 환호했다. 심지어 사람들은 바울과 바나바가 그리스 신화에 나오는 제우스와 헤르메스라고 주장하며 신처럼 대우하면서 제우스 신당 제사장이 소와 화환들을 가지고 와 무리들과 함께 제사까지 드리려 했다. 이렇듯 질병의 치료는 복음 사역의 가장 우선된 목적은 아니었지만, 공동체에서 리더의 권위를 세우는 중요한 요소로 작용한 것은 사실이다.

중세는 신학의 시대다. 이때 교회 역사에서 가장 많은 신학적 논쟁이 펼쳐졌다. 당시 교회 공동체 리더들은 대부분 신학자였다. 교부라 불리던 그들은 신약시대 지도자 이상의 권위를 가지고 있었다. 그들의 저서들은 현대 교회의 신학적 뿌리가 되었다. 종교 개혁조차 신학적 지식이 없었다면 불가능했을 것이다.

그렇다면 지금은 어떤 시대인가? 현대는 정서의 시대다. 성도들의 기도 제목을 놓고 기도하다 보면 정서를 위한 기도가 가장 많다. 아마도 정서의 문제로 고통당하는 사람들이 많기 때문일 것이다. 돈이 있어도 마음을 잃으면 못 사는 시대다.

교회에서도 정서 문제가 아주 심각해졌다. 신앙생활을 하는데도 정서의 문제를 호소하며 스스로 죽음을 선택하는 사람들이 많다. 전쟁을 승리로 이끄는 리더, 질병을 치유하는 리더, 바른 신학으로 이끄는 리더를 넘어 지금 이 시대는 인간의 정서를 이끄는 리더를 요구한다.

다윗의 정서

나는 성경 인물 중 유독 다윗을 좋아해서 왕이면서 뛰어난 용사였던 그의 정서에 늘 관심이 있었다. 실제로 많은 정신 분석학자가 다윗에 관한 연구를 했다. 2009년에 〈인간 행동과 사회 공동체〉라는 논문에서 이런 내용이 발표되었다.

"다윗은 여러 가지 병에 노출되어 있는 사람이다."

이 논문의 저자들은 예수님을 믿지 않는 사람들이다. 심지어 다윗이 하나님을 의지했던 이유 중 첫 번째가 '그의 정서가 불안했기 때문'이라고 주장한다. 즉, 인간으로서는 감당할 수 없는 고통과 고난을 겪었기 때문에 하나님을 의지할 수밖에 없었다는 말이다.

그들은 다윗이 정서적 질병에 노출 되었다는 근거를 다윗이 처한 상황에서 찾았다. 다윗은 힘과 권력의 최상위에 있는 왕 사울에게 끊임없이 괴롭힘당했다. 사울을 피해 도망하는 막막한 상황에서 다윗의 시편을 보면 그의 다양한 정서가 노출됨을 알 수 있다. 특히 '특정 공포증'이라는 증세가 많이 나타났다. 이는 특정한 상황을 만나면 공포가 찾아오는 것을 말한다. 예를 들어 방에 혼자 있거나 특정한 물질과 같은 공간에 있으면 공포가 찾아오는 것이다. 그들은 다윗이 이러한 공포를 가졌을 것이라고 말한다.

이종훈, 이노균의 책 《성경 속 의학 이야기》에서는 이러한 다윗의 시들에서 전형적인 우울증 증상인 의욕 상실, 식욕 부진, 체

중 감소, 입 마름, 불면증이 나타난다고 말한다.

> 나는 물 같이 쏟아졌으며 내 모든 뼈는 어그러졌으며 내 마음은 밀랍
> 같아서 내 속에서 녹았으며 내 힘이 말라 질그릇 조각 같고 내 혀가 입
> 천장에 붙었나이다 주께서 또 나를 죽음의 진토 속에 두셨나이다.
>
> 시편 22:14~15

> 내 날이 연기 같이 소멸하며 내 뼈가 숯 같이 탔음이니이다 내가 음식
> 먹기도 잊었으므로 내 마음이 풀 같이 시들고 말라 버렸사오며 나의
> 탄식 소리로 말미암아 나의 살이 뼈에 붙었나이다 나는 광야의 올빼
> 미 같고 황폐한 곳의 부엉이 같이 되었사오며 내가 밤을 새우니 지붕
> 위의 외로운 참새 같으니이다. 시편 102:3~7

두 번째로 논문의 저자들은 다윗이 '의존증' 때문에 하나님을
의존했다고 주장한다. 그들은 다윗이 우울증, 경계증 등 많은 정
서적 질병에 노출되어 있었다고 말한다.

나는 이런 주장에 동의할 수 없다. 물론 그런 정서의 노출이 없
었다고는 할 수 없다. 하지만 그의 삶 전체를 살펴보라. 다윗이 누
군가? 하나님을 붙들고 이스라엘 최고의 통일 왕국을 세운 위대
한 왕이다. 특히 그는 사울을 죽일 기회가 두 번이나 있었지만 죽
이지 않는다. 골짜기를 사이에 두고 사울을 마주했을 때 그는 담
대했다. 도저히 정서적 질병에 노출된 사람이라고 생각할 수 없는

담대함을 보였다. 그는 도망 중에도 하나님께 기도했고 빛이 없는 동굴에서도 하나님의 빛을 노래했다. 그의 시편은 그가 얼마나 하나님을 찬양하는 마음에 집중했는지를 증명한다.

> [다윗이 사울을 피하여 굴에 있던 때에]
> 주여 내가 만민 중에서 주께 감사하오며 뭇 나라 중에서 주를 찬송하리이다 무릇 주의 인자는 커서 하늘에 미치고 주의 진리는 궁창에 이르나이다 하나님이여 주는 하늘 위에 높이 들리시며 주의 영광이 온 세계 위에 높아지기를 원하나이다. 시편 57:9~11

만약 그가 정서적 문제로 인해 하나님을 의지했다면 하나님이 그의 이야기를 성경에 기록하도록 하셨을까? 그의 시편을 성경에 소개하도록 하셨을까? 오히려 다윗은 그런 상황을 믿음으로 이겨낸 사람이다. 이런 다윗의 모습을 보며 우리도 위로와 지혜를 얻어 건강한 정서의 회복을 위해 노력해야 한다.

이 책에서는 이런 정서의 문제가 교회 공동체에 어떻게 드러나는지 살펴보고, 이 시대 리더들이 다윗처럼 믿음으로 일어나기를 바라며 이에 어떤 정서적 준비가 필요한지 나눌 것이다.

세대 차이와 정서 차이

세대 갈등은 예나 지금이나 사회 문제 단골 이슈다. 이러한 현상은 교회라고 다를 바 없다. 우리나라에 복음이 들어온 것은 1866년 로버트 토마스(Robert Jermain Thomas, 1840~1866) 선교사에 의해서였다. 그러나 교회가 현대적 조직으로 구성되기 시작한 것은 한국전쟁이 끝난 1970년대부터다. 이때부터 교회 안에 목회자 외에 성도들로 구성된 다양한 조직과 소그룹이 생겨나기 시작했다. 이 시기 교회를 '1세대 교회'라고 한다면, 당시의 목회자들을 '1세대 목회자'라고 부를 수 있겠다.

이후 2000년, 밀레니엄 시대가 되면서 1세대 목회자들이 하나둘 은퇴하기 시작했고, 2세대 목회자들에 의해 교회 공동체가 세워지기 시작했다. 교회는 1세대 목회자들의 그늘에서 벗어나고 싶고, 새로운 변화와 시대의 흐름을 따르고 싶은 마음에 너도나도 젊은 목회자들을 청빙했다. 현재는 과학과 문화, 경제 발전으로 인해 크고 작은 공동체들이 다양하게 생겨나고 있으며, 기업에서도 젊은 CEO들이 활약하고 있다.

2022년 현재, 벤처 기업을 넘어 비영리 단체들에서도 3세대 리더인 3040 세대의 활약이 이어지고 있다. 3세대 리더들의 시대가 시작됐다. '세대교체'가 예상보다 빨리 찾아왔고 앞으로는 점점 더 그 시기가 빨라질 것이다. 4세대 1020 리더들도 하루가 다르게 성장하면서 사회의 중심으로 들어오고 있다. 정치계에서도 20대 정치인이 대거 등장하고 있다. 최근 한 정당 대표로 30대가 선출되었고, 다른 정당에서는 20대가 비상대책위원회 공동비상대책위원장으로 임명되어 활동했다. 기업에서도 MZ 세대의 활약이 대단하다. 네이버는 작년에 새로운 CEO로 30대를 선임했고, 벤처 분야에서는 1020 세대 CEO들이 많이 활동하고 있다. 교회에서도 20대 목회자들이 개척을 통해 담임목사로 사역하는 경우가 늘어나고 있다.

이제부터는 한국교회 리더의 세대 교체가 시대별로 어떻게 이루어졌는지 살펴보고, 그 과정에서 발생한 세대 간 문제들을 분석해 보자. 그래야 '세대 차이' 문제를 극복할 수 있다.

한국교회 시대별 리더

1세대 리더들이 활동한 시대는 탑 리더(Top Leader, 조직에서 최상위 리더 혹은 1인의 최고 결정권자를 지칭하는 저자가 만든 조어)인 목회자 한 사람을 절대적으로 의지하며 대그룹 예배에 집중했다. 그런데 교회가 양적으로 성장하면서 대그룹이 너무 커지고 목회자 한 명이 모두 운영할 수 없는 상황에 이르렀다. 교회는 대안을 찾기 시작했다.

같은 시각, 미국 교회에서는 변화의 바람이 불고 있었다. 공동체 안에서 '소그룹'을 활성화하여 양적 성장을 일으켰다. 한국교회들은 앞다투어 미국으로 건너가 소그룹 운영 체제를 배우고 도입했다. 이것이 바로 '셀(Cell) 교회'의 시작이었다.

도입 초기 셀은 하나의 대그룹을 여러 개의 소그룹으로 나눈 것에 불과했다. 여전히 대그룹에서 하던 대로 리더에 의한 일방적인 교육 체제로 운영되었다. 그러다가 소그룹에 사람이 많아지면 다시 소그룹을 두 개로 나누어 이 문제를 해결했다. 하지만 여전히 팀원들의 다양한 의견을 나누기보다는 인도자가 혼자 말하고 팀원들은 듣는 식이었다.

당시 이 소그룹의 한계를 잘 보여 주는 모임이 바로 '구역 모임'이다. 구역 모임은 몇몇 성도가 한 집에 모여서 작은 탁자에 성경책과 공과 교재를 올려놓고 예배를 드리는 형태였다. 내가 전도사였던 시절에는 교회 직분자가 구역장이 되어 모임을 인도하기도 했다. 구역장이 인도자가 되어 구역원 가정을 돌아다니며 매주 1회 정기 모임을 했다. 잠깐의 다과 시간을 빼면, 성도가 조용히 목사님의 말을 경청하는 주일 대예배의 축소판에 불과했다.

시간이 흘러 교회 안에 젊은 2세대가 활동하기 시작하면서 이 형식의 한계가 수면 위로 드러났다. 젊은 세대는 소통이 부족하고 일방적인 교육으로 진행되는 소그룹을 거부했다. 교회는 이런 현상을 단순히 '세대 차이'로 해석했다. 그동안 세대 차이는 보편적인 논쟁 주제였기 때문에 당연한 해석이라 생각했다.

그렇다면 교회는 세대 차이를 어떻게 해결했을까? 결론부터 말하지만, 이는 세대 차이로 규정할 수 없는 새로운 문제였기에 상황은 더 복잡해졌다. '세대 차이'라 함은 서로 다른 시대를 살면서 체득한 문화와 사고방식 등으로 인해 차이를 보이는 현상을 의미한다. 그래서 교회는 이를 극복하기 위해 세대 연합을 위한 다양한 대안을 마련했다. 전통적으로 해 오던 예배 형식과 순서 등을 간소화하고 회중의 참여를 유도하는 이른바 '열린 예배'를 도입했다.

열린 예배는 1970년대 미국 윌로우 크릭 커뮤니티 교회와 새들백 교회에서 시작된 예배 형식으로, '구도자의 예배'(Seeker's service)를 한국교회로 가져오며 붙인 이름이다. 열린 예배는 예배 형식과 순서의 변화와 더불어 찬양의 변화도 가져왔다. 기존의 찬송가에서 복음송, 가스펠 등으로 대변되는 현대 기독교 음악, 즉 CCM(Contemporary Christian Music)으로 그 영역을 확장해 나갔다. 그리고 기존의 부흥 집회 개념에 찬양 집회 개념을 더하여 더욱 현대적인 예배 형태로 전환해 갔다.

이 새로운 예배 형식에 대한 장년 세대와 청년 세대의 반응이 극명하게 갈렸다. 열렬히 환영하는 청년들과 달리, 장년들은 열린 예배에 거부감을 드러냈다. 이에 교회들은 장년층과 청년층을 따로 구별하여 예배드리기 시작했다. 이후 3세대 리더들이 세워지면서 더 적극적인 방법들이 도입되었다. 교회는 청년들을 기존 교회 공동체에서 분리시켜 독립적으로 예배하고 운영되도록 했다. 이와 함께 세대 간 연합을 위해 서로의 공감대를 만들려는 시도도 계속되었다.

청년 세대는 장년 세대와의 간격을 좁히기 위해 찬송가를 현대적 음악으로 편곡하여 불렀고, 그들과 함께 성가대를 섬겼다. 예능교회 조건회 목사는 전통적 예배 요소와 현대적 예배 요소가 어우러진 통합적 예배를 시도하며 교회 예배 개혁에 앞장서고 있다. 내가 사역하는 이름없는교회는 전통 예배와 열린 예배의 중간 지점인 '세대 통합 예배'를 시도하고 있다. 매월 한 번씩 금요예배 때 부모부터 자녀까지 전 연령의 성도가 한자리에 모여 예배한다. 이런 시도에도 불구하고 대부분 교회는 세대 간 격차를 좁히지 못하고 있다. 오히려 더 악화되어 교회 안에 젊은 세대가 사라지고 있다.

10년간 교회학교 학생수 추이

(단위: 1000명)

	유치부	유년부	초등부	소년부	중고등부
2007년	75	80	86	105	193
2008년	75	74	84	105	193
2009년	72	70	80	101	195
2010년	67	64	74	90	188
2011년	65	58	69	83	180
2012년	62	57	64	76	172
2013년	58	51	59	65	157
2014년	58	51	58	65	152
2015년	55	48	55	62	147
2016년	52	46	54	56	135
2017년	50	45	52	56	126
10년간 증감률	-33%	-44%	-40%	-47%	-35%

[출처: 예수교장로회 통합교단 교세 통계, 2018년]

예장 통합교단의 2018년 교세 통계자료에 의하면 주일학교 학생 숫자가 매년 감소하고 있으며, 지난 10년간 30~40% 감소세를 보이고 있음을 알 수 있다. 이에 한국교회는 다시 고민에 빠졌다. 이 과정에서 세대 간 갈등이 시작됐다.

장년들은 교회의 배려에 감사하지 않고 반응하지 못하는 청년들을 탓했다. 실제로 많은 청년 중심 교회가 재정적 어려움을 겪고 문을 닫았다. 가난했던 시절부터 헌신과 헌물로 교회를 세워온 장년 세대에게 청년들은 헌신하기 싫어하고 헌물하기를 거부하는 듯 보였다. 주어진 상황에 만족하지 못하고 불평만 한다고 생각했다. 반면 청년들은 자신들과 소통하지 않는 어른들에게 실망했다. 어른들이 경험한 과거의 삶은 분명 현재 청년들의 삶과는 다름에도 그 차이를 인정하지 않고 과거 자신들의 모습을 그대로 재현해 내기를 요구하는 모습에 실망했다. 교회 일은 군소리 없이 해야 하고, 논의의 과정은 생략한 채로 지시와 통보만이 교회 안에 넘쳐난다고 느꼈다. 그들은 과거 세대가 겪지 못한 어려움을 호소한다. 바로 '상대적 박탈감'이다. 아무리 노력해도 안 되는 세상을 어른들이 만들었다는 원망이다.

세대 간 이런 극명한 차이를 만들어낸 원인은 무엇일까? 사실 '세대 차이' 외에 더 큰 '차이'가 있었다. 바로 '정서의 차이'다. 단지 문화와 사고방식의 차이가 아니라 정서가 달라졌고, 교회 안에 건강한 정서가 무너졌기 때문이다.

우울감의 정체

　　지금은 40대가 된 한 집사님의 이야기다. 그는 1997년에 입대했다. 입대하자마자 'IMF 외환 위기 사태'가 터졌고 세상은 급변하기 시작했다. 크고 작은 기업들이 줄줄이 도산하고, 기업 대표들이 자살하거나 도피하는 일들이 벌어졌다. 스트레스로 인해 술에 취한 아버지들은 점점 자상함을 잃고, 우울하고 폭력적인 아버지로 변해 갔다. 가정폭력 지수가 역대 최고치에 달했고 많은 가정이 깨졌다. 그들이 바로 2세대였다. 3세대는 그 우울한 사회를 어린 눈으로 지켜보면서 정서적 안정감을 잃어버린 채 청소년기를 보내야만 했다.

　　한편, 사회는 스스로 살아남기 위해 빠르게 고난에 대처해 나갔다. 다행히 그리 오래되지 않아 경제는 다시 안정을 찾아갔다. 그렇게 시간이 흘러 1999년, 집사님은 제대하고 사회로 복귀했다. 그가 군에 있던 2년간 세상은 너무 많이 달라졌다. 핸드폰이 나왔고 피시방이 생겼다. 사진 한 장 내려받는 데 몇십 분 걸리던 세상이 가고, 피시방에서 인터넷 게임을 할 수 있는 세상이 온 것이다. 집사님은 아날로그에서 디지털로 급변한 세상을 보며 혼란스러웠다. 복학하고 만난 후배들을 보며 자신은 문명에 뒤처진 구(舊)시대 사람임을 체감했다. 대화가 통하지 않을 만큼 서로 관심사가 달랐다. 여전히 아날로그에 익숙한 집사님은 점점 열등감에 사로잡혔고 우울해져 갔다. 우울한 마음을 위로받을 곳은 그 어디에도 없었다. 어른들은 그의 우울함을 이해하지 못했다. 정신력이 약해서 그렇다고 야단을 쳤다.

한편 교회에서는 믿음이 약하고 기도를 안 해서 그렇다는 해석을 내놓았다. 우울증은 성경에 나오는 '혈루병'처럼 부정한 질병으로 인식되었다. 당시에는 이런 일로 병원에서 진료를 받는 자체가 드물었고 '우울함은 정신병'이라는 고정관념이 팽배했다. 그래서 우울한 마음이 생기면 자책했고, 누구에게도 말하지 못하는 부끄러운 상처가 되었다. 새 밀레니엄으로 세상이 떠들썩했던 2000년에도 여전히 그는 변화에 적응하지 못한 채 시대를 견디고 있었다.

집사님의 이 경험은 그 시절 청년들의 이야기를 대변한다. 단순히 '세대 차이'의 문제가 아니었다. 오히려 세대 차이를 극복하는 과정에서 생긴 '정서 차이'의 문제였다. 당시 청년들은 우울함 속에서 뾰족한 대안을 찾지 못했다. 그들에게 정서의 문제는 아직 경험해 보지 못한 새로운 것이었기 때문이다.

우리나라 우울증 환자는 계속 늘어나고 있다. 건강보험심사평가원의 '최근 5년간 우울증과 불안장애 진료 현황'에 따르면, 최근 5년간 우울증으로 인해 진료를 받은 환자 수가 약 24만 명 증가했다. 그리고 작년 한 해 병원을 찾은 환자는 90만 명을 넘어섰다. 이 통계는 실제 병원을 찾은 환자만 집계한 것으로, 보고되지 않은 환자까지 합하면 더욱 많을 것으로 추정된다.

최근 5년(2017~2021년) 우울증과 불안장애 진료 현황

(단위: 명, 억원, 원, 일, %)

구분		2017년	2018년	2019년	2020년	2021년	증감률	
							연평균	'17년 대비' 21년
우울증	환자수	691,164	764,861	811,862	848,430	933,481	7.8	35.1
	진료비	3,038	3,647	4,152	4,515	5,271	14.8	73.5
	1인당 진료비	439,501	476,809	511,454	532,190	564,712	6.5	28.5
	1인당 내원일수	8.51	8.66	8.86	9.11	9.29	2.2	9.2
불안 장애	환자수	653,694	710,510	743,083	780,384	865,108	7.3	32.3
	진료비	1,531	1,844	2,119	2,388	2,809	16.4	83.5
	1인당 진료비	234,148	259,466	285,122	306,045	324,689	8.5	38.7
	1인당 내원일수	5.82	6.06	6.28	6.59	6.72	3.7	15.5

[출처: 건강보험심사평가원]

　우울증은 우울감과 우울증으로 나눌 수 있다. 우울감이란 1년 중 2주일 이상 일상생활에 지장이 있을 정도로 슬프거나 절망감을 느낀 심리 상태를 말한다.

　2020년 OECD 우울증 통계에 따르면, 이 우울감까지 포함할 경우 OECD 주요 국가 중에서 우리나라가 우울증 1위다. 특이한 점은 우리나라가 우울감 경험률은 1위이지만 우울증 약 복용률은 꼴찌 수준이라는 점이다. 우울증 외에도 다양한 정신적 질병과 더불어 일상생활에 어려움을 겪을 정도의 정서적 문제로 힘들어하는 사람들이 많다. 이것이 우리 시대의 현실이다. 정서의 문제가 사회의 문제가 된 것이다.

2010년도 보건복지가족부 '자살시도자의 추정진단 결과 통계'에 따르면, 자살시도자 중 절반이 넘는 55.6%가 우울증이 동기라고 말했다. 이것은 우울증이 사회 전반적인 문제가 되었음을 보여 준다.

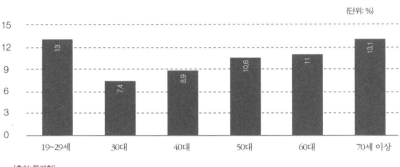

2019년 연령대별 우울감 경험률

(단위: %)

[출처: 통계청]

통계청에서 발표한 '2019년 연령대별 우울감 경험률 통계'에 따르면, 20대가 70대 이상과 더불어 우울감에 대해 가장 위험하다는 결과가 나왔다. 70대 이상은 죽음에 대한 불안과 삶의 회의, 육체적인 한계로 인한 고통 등으로 우울감에 쉽게 노출되는 환경이지만, 20대는 아직 사회적 경험이 많지 않고 육체적인 건강이 상대적으로 안전하다. 이런 조건을 따져봤을 때 20대가 다른 연령대보다 정서적인 문제에 취약하다고 할 수 있다.

2021년 한국교육개발원이 실시한 국민정신건강실태조사에 따르면 20대의 우울감은 회복 가능성을 보이지 않고 있다. 이대로 시간이 지나 그들이 30대가 되고 40대가 되면서 우울감이 우울증으로 악화되는 일은 더 많아질 것이다. 이런 현실을 생각해 보면 교회 청년들도 이미 정서적 불안에 많이 노출되어 있음을 알 수 있다.

시대적 과제

이런 현상은 문명이 발달한 사회일수록 더 심화된다. 문명의 발달을 대표하는 분야는 예술이다. 예술의 발달은 문명의 발달과 비례한다. 나는 대학에서 학생들을 가르치면서 예술 관련 학과들이 국가 경제 상황에 가장 크게 영향받는 것을 알게 되었다. 국가 경제가 호황이면 예술 관련 학과들의 지원율이 높아지고, 반대로 국가 경제가 불황이면 지원율이 급격히 떨어진다. 가정 경제가 어려우면 부모들이 가장 먼저 예술 관련 학원부터 중단시키기 때문이다.

인간의 감성을 최대한 자극하여 만들어 내는 것이 예술이다. 음악을 예로 들어보자. 음악을 전공하는 사람들은 자연스럽게 정서적으로 아주 민감해지기 쉽다. 감정 기복이 잦은 편이다. 정서를 잘 관리하지 않으면 여러 형태의 정서적 문제가 나타나기 쉽다. 교회 안에서 음악으로 섬기는 찬양팀에서도 이와 같은 현상을 자주 볼 수 있다. 정서에 관심이 없으면 정서를 관리하지 못한다.

지금까지 교회는 정서에 큰 관심이 없었다. 그래서 찬양팀이 보편화되긴 했지만, 정서적 문제로 인해 팀원 간에 다툼이 일어나고 서로 연합하지 못하는 등 다양한 문제가 일어나기도 했다. 모든 문제의 근원에는 정서에 대한 관리 부족이 있다.

이런 정서적 불안에 더하여 과거 상처가 트라우마로 남았거나 현재의 다툼으로 감정이 무너진다면 어떻게 될까? 공동체 안에서 다른 사람들과 관계를 맺는 일에 문제가 발생한다. 여기에 교회에 대한 불신과 공동체 리더에 대한 불신, 오랜 봉사에 지쳐 공동체를 떠나는 등 교회에서 발생하는 일반적인 문제까지 더해진다.

사회로 나가면 또 다른 문제가 생긴다. 계속되는 청년 취업난, 노력만으로는 해결할 수 없는 불합리한 사회 구조, 상대적 박탈감 등에 의한 우울감은 정서적 문제를 더욱 극대화한다. 그리고 이 모든 문제는 한 개인과 한 공동체의 문제가 아니라 이 땅을 살아가는 모든 사람의 문제이고 우리의 현실이다. 그렇기에 이는 함께 돕고 해결해 나가야 하는 시대적 과제임을 기억해야 한다.

이런 정서의 문제는 지금 시대에 세워지는 많은 리더의 정서와도 연결된다. 과거 대가족 시대에는 어린 시절부터 부모, 조부모, 또래 나이의 사촌들 등 다양한 가족 관계 속에서 사회성을 배울 기회가 많았다. 논밭 사이를 뛰어다니며 이웃 어른들, 동네 아이들과도 어울리는 등 사회 공동체에서 관계를 맺는 데도 아주 좋은 환경이었다. 그러나 시간이 갈수록 핵가족 시대가 되고, 그와 함께 가장 먼저 부모의 권위가 작아지기 시작했다. 자녀가 하나 혹은 둘밖에 없는 가정에서 아이들은 점점 부모의 뜻을 꺾고 자라갔다. 친구들과 밖에서 뛰어놀기보다 카톡이나 SNS 같은 온라인에서 만나 교제하는 시대가 되었다. 코로나 팬데믹(COVID-19 pandemic)이 시작된 후로 이런 흐름이 10년 이상 앞당겨진 느낌이다.

지금 리더로 세워지는 연령대를 보면 3040 세대가 주축이다. 이 세대는 대가족 시대에서 핵가족 시대로 전환되는 과도기와 아날로그 세대에서 디지털 세대로 전환되는 과도기를 동시에 겪었다. 급변하는 사회에 큰 충격을 받은 이들이 지금 각 공동체의 리더 자리에 있다. 반면, 팔로워들은 전혀 다른 환경에서 자라온 1020 세대다. 여기서 또다시 달라진 세대와 소통해야 하는 문제 앞에 직면한다. 정서적 문제는 이런 과도기를 반복하는 과정에서 나타나는 대표적인 증상이다.

2장

□

교회 안에 스며든
정서의 문제

1등만 기억하는 세상이다. 1등이 곧 성공이다. 1등이 아니면 실패했다고 생각한다. 어느 스포츠 국가대표의 이야기가 화제가 된 적이 있다. 그는 기자회견을 통해 국가대표 코치로부터 폭행당한 것을 고발했다. 이를 증명하는 과정에서 구체적인 폭행 과정과 정도가 공개되어 파장을 일으켰다. 이 사건에 대해 사람들이 놀란 것은 폭행의 정도뿐 아니라 아직도 운동선수들이 감독이나 코치에게 폭행을 당하고 있다는 사실 그 자체였다. 선수들이 폭행을 당하면서도 어떤 대응도 하지 못하는 안타까운 현실이 드러난 사건이었다. 피해 선수 부모들이 다른 대안을 찾지 못하고 참고 당하는 것도 큰 문제였다. 사회 고발이 문화로 자리 잡게 되면서 이런 일들이 여기저기서 터져 나왔다.

● 성공의 시대, 정서에 폭력을 가하다

왜 이런 문제가 반복되는 것일까? 가해자인 코치는 인터뷰에서 "성적을 내기 위해서"라고 했다. 예상 가능한 답변이지만 그 이면에 어떤 리더십의 문제가 있는지 살펴볼 필요가 있다.

문제는 검증된 교육 이론보다 자신의 경험을 더 강조하는 지도자들이 많다는 데 있다. 사람은 자신이 배운 대로 가르친다. 내가 배우지 않은 것을 가르치기는 어렵다. 그런데 '무엇을' 가르치는가도 중요하지만, 그것을 '어떻게' 가르치는가가 더 중요할 수 있다. 가르치는 일에 대한 전문 지식이 필요하다는 말이다.

미국 프로농구 NBA 감독들의 경우, 프로선수 경험이 있는 감독보다 경험이 없는 감독이 더 많다. 그중 샌안토니오 스퍼스(San Antonio Spurs)의 '그렉 포포비치' 감독은 프로선수 경험이 없지만 NBA 역사상 최초로 20시즌 연속 정규 시즌 6할 이상의 승률과 18시즌 연속 정규 시즌 50승, 다섯 번의 우승과 세 번의 올해의 감독상을 받는 위업을 달성했다. 그는 한 인터뷰에서 선수 생활 경험보다는 지도자 교육을 받은 것이 감독으로 성공할 수 있었던 이유였다고 말했다. 그는 어떻게 가르쳐야 하는지에 대한 전문적 교육을 받은 것이다.

이것은 체육계 지도자에게만 해당되는 것이 아니다. 다양한 공동체의 지도자도 마찬가지다. 리더로서 필요한 교육을 받지 못한 채 리더가 된 이들이 많다. 그들은 오직 자신의 경험에 의존하여 공동체를 운영한다. 물론 경험에도 아주 중요한 교육 요소들이 있고 반드시 일정 경험도 필요하다. 그러나 만약 그 경험이 시대착오적이고 비인격적이라면 문제다. 앞서 말한 국가대표 코치의 예처럼 자신이 맞으면서 배워왔고, 그렇게 배웠기에 성적을 낼 수 있었다는 생각을 가진 사람은 지도자로서 결격이다. 경험에 대한 고집이 폭력을 정당화시킬 수는 없다.

폭력적인 지도자는 사실 그 방법 말고는 아는 게 없을 가능성이 크다. 그게 아니라면 자신이 맞으면서 훈련하는 것에 세뇌되었든지. 자신이 옛날에 하도 맞아서 안 맞으면 불안했던 마음처럼, 지도자가 된 후에는 때리지 않으면 불안하다. 그렇게 맞으면서 얻은 것은 '좋은 성적' 말고도 또 있다. 바로 두려움과 공포감이다. 이 두려움과 공포감은 스스로 낼 수 없는 힘을 내도록 한다. 힘의 근원을 거기서 찾은 사람은 자신이 가르칠 때도 그렇게 가르치게 된다. 여기서 두려움과 공포감은 어떤 세뇌 효과를 만들어낸다. 만약 100명 중 90명이 못하겠다고 나가떨어져도 10명이 남아서 100명 몫을 해낸다는 통계적 확신이다. 그래서 '일당백'(一當百) 역할을 할 수 있는 사람을 찾고, 살아남은 한 사람이 이기는 승자 독식 게임이 된다. 살아남은 한 명은 다음 도전자들의 모델이 되고, 다음 도전자들에게 두려움과 공포감이 얼마나 유익한 것인지를 설득하는 도구가 된다.

문제는 그 살아남은 자는 견딜 수 없는 두려움과 불안으로 인해 점점 우울함의 지배를 받게 된다는 것이다. 그렇게 시간이 지나면 우울함으로 인해 정서가 무너진다. 따라서 지도자는 맞은 경험을 내려놓도록 설득할 수 있는 차원의 지도자 교육을 받아야 한다. 과연 1등이 되려면 그렇게 해야 하는가? 아니면 혹시 그 방법이 제일 쉽다고 생각한 것은 아닐까? 그도 아니면 선진 스포츠 교육 시스템이 없기 때문일까? 아니다. 전문적인 교육 시스템을 배우지 못했기 때문이다. 유럽 축구선수들은 아직도 맞으면서 배울까? 교육다운 교육을 통해 더 멋진 결과를 낸 선수들이 많다. 그들을 통해 건강한 교육과 훈련이 이루어지도록 지도자 교육에 더욱 힘써야 한다.

경쟁의 시대, 정서를 왕따시키다

나의 제자였던 A의 이야기다. 당시 그는 고등학교 3학년 입시생이었다. 당연히 대학 입시로 고민하고 있었고 교회에서도 관심을 가지고 부모와 상담을 진행했다. 평소에 내가 보았던 그 학생은 매우 불안해 보였고 대인 관계에 소극적이었다. 더 큰 문제는 인격적이지 못한 태도를 보일 때가 많다는 것이었다. 그래서 나는 그의 어머니에게 자녀의 인격적인 회복을 위한 노력이 필요하다고 권면했다. 그런데 어머니의 대답을 듣고 큰 충격을 받았다.

"인성은 대학 가서 만들면 돼요. 지금은 1등이 되는 게 먼저예요. 1등 아니면 안 되는 세상이잖아요. 세상에서 1등을 해야 하나님께 영광이 되고 교회에서도 칭찬받는 사람이 되잖아요."

평소에 세상의 1등이 교회의 1등이 되는 시대임을 감지하고는 있었지만, 이 정도일 줄은 몰랐다. 그 학생의 정서는 그렇게 '왕따'를 당하고 있었다.

지금은 대학생이 된 B의 이야기다. 그는 어린 시절부터 교회를 다녔고 고등학생 때는 학생부 회장을 맡았다. 그런데 언제부턴가 교회 선생님들이 그의 학교 성적에 대해 수군거리기 시작했다. 그 청년보다 공부를 더 잘하는 아무개가 회장이 되어야 했다는 내용이었다. B의 학교에서는 도내 경쟁 학교들과의 학교 평균 성적을 게시판에 붙여 놓았고, 시험이 끝나면 1등부터 꼴등까지 이름과 점수를 공개하여 게시했다. 그런 분위기에서 교회는 1등 하는 학생을 신앙 좋은 학생으로 대우해 주었고, 공부 잘하는 것이 하나님을 기쁘시게 하는 유일한 도구라고 가르쳤다. 심지어 전도사님도 공부를 못하는 학생들에게는 관심을 가지지 않았다. 학생들 사이에서도 인문계 고등학교와 실업계 고등학교에 대한 차별적 인식이 퍼져 있었다. 실업계 고등학교에 다니는 학생들은 교회 안에서 차별받고 있다고 느꼈다.

신학대를 졸업한 전도사 C는 졸업 후 교회에서 사역하기 위해 이력서를 넣었고 답을 기다렸다. 꼭 섬기고 싶었던 교회에 지원했는데 1차 서류 면접에서 떨어졌다. 이유를 물어보니 명문대 출신이 아니기 때문이라고 했다. 일부 교회에서는 면접 때 신앙과 성경에 대한 질문보다 음악적 실력이나 웹디자인, 방송 장비 운영, 영상 촬영 및 편집, 음향 엔지니어, 스포츠 분야 등 특출한 재능이 있는지를 물었다. 남들보다 월등히 잘하는 재능을 가진 사역자를 찾는 교회가 많았다. 그나마 학벌을 따지지 않는 교회를 찾게 되었는데 이번에는 돈이 문제였다. 담임목사는 같은 전도사여도 재정적 여유가 있는 전도사를 좋아했다. 담임목사는 C 전도사에게 다른 전도사처럼 교회에 헌금하면서 사역할 수 있기를 바란다고 했다.

교회가 세상처럼 1등을 원한다. 세상에서 1등이면 신앙도 1등이라고 생각한다. 그래서 성경 연구의 정도나 신앙과 인격의 성숙함을 묻지 않는다. 1등의 결과가 더 큰 권위를 가지게 된다. 안타깝게도 이런 인식은 여전히 교회 안에 남아 있다.

헌신에 묻혀 버린 정서

교회 안에도 두려움과 공포감으로 공동체를 이끄는 리더가 많았다. 많은 공동체가 하나님을 '심판의 하나님'으로만 소개하고 리더에게 순종하지 않는 사람과 교회를 옮기는 사람을 저주하기까지 한다. 10명의 순종하는 사람을 얻기 위해 90명을 가라지로 치부하는 공동체들이 생겨났고, 비난과 상처를 받은 90명은 결국 공동체를 떠난다. 거기서 그치지 않고 떠나는 그들 안에 하나님과 교회에 대한 큰 불신이 생기는 것이 가장 큰 문제다.

앞서 말한 것처럼 교회 안에는 세상에서의 1등이 신앙을 증명해 준다고 생각하는 문화가 있다. 교회가 전도를 강조하면서 '전도상'을 주고 게시판 천장까지 열매 스티커를 붙인다. 반면 전도를 많이 하지 못하면 부끄러움을 당하거나 리더나 직분의 자리에 임명되지 못하기도 한다. 어떤 테스트로 경쟁을 시키고 목표치에 도달한 사람이 교회의 리더가 되는 것이다. 그 안에는 디모데 집사가 빌립보 교회의 목회 현장에서 본이 되어 바울의 추천을 받은 것과 같은 삶의 확증은 어디에도 없다. 이런 과정에서 자연스럽게 사람의 정서는 메말라 가고 우울감이 찾아온다.

교회는 이런 청년들의 정서적 문제 확산에 어떻게 대응하고 있는가? 이 문제는 지금도 심각하지만, 앞으로는 더욱 큰 문제로 드러날 것이다. 정서의 문제는 곧 관계와 소통의 문제로 나타난다. 소통의 방법은 이 책의 후반부에서 다룰 것이다. 무엇보다 본질적인 문제는 방법보다 정서에 있다. 지금까지처럼 개인의 신앙과 태도만을 탓한다면 청년들은 교회를 떠날 것이고 청년 공동체의 와해는 불 보듯 뻔하다. 대다수 교회가 청년을 중심으로 한 찬양팀을 만들어서 운영하는데 머지 않아 외부에서 사례를 주고 찬양팀을 섭외해야 할지도 모른다. 실제로 많은 교회에서 청년부가 무너지고 있다고 하소연한다. 그리고 그 이유를 청년들이 어리고 철이 없거나 신앙이 연약해서라고 결론 내리고 있다. 혹은 사탄의 공격이라는 영적 문제로 분석하고 있다.

이 역시도 대안에 아무런 도움이 되지 못한다. 청년들은 여전히 교회를 떠나가고 있으며 앞으로도 그럴 것이다. 따라서 문제의 해결을 더는 미루면 안 된다. 물론 급한 불을 끄듯이 응급조치가 필요하다. 청년 중심의 찬양팀이 찬양 자체에 집중하도록 교회의 전폭적인 지원도 필요하다. 청년들을 그저 교회의 일꾼으로 봐서는 안 된다. 한 명이 서너 가지에 이르는 사역 혹은 봉사를 하지 않도록 배려해야 한다. "나 때도 다 그렇게 했으니 너도 해"와 같은 생각은 버려야 한다.

그러나 이런 응급처치만으로는 본질적인 문제를 해결할 수 없다. 그들에게는 마음을 만져 줄 따뜻한 위로가 필요하고 언제든지 기댈 수 있는 어른들의 넓고 단단한 어깨가 필요하다. 지금 당장 청년들과 대화를 시작해야 한다. 문화적인 소통도 중요하지만 그들의 정서에 어떤 어려움이 있는지, 어떤 배려가 필요한지 들어야 한다. 개인의 신앙으로 이겨내기만을 바라는 것은 방치와 다를 바

없다. 그렇다면 어떻게 교회가 이들을 품고 안아 줄 수 있을까?

우울한 사람에게는 자신의 이야기를 들어주는 사람이 필요하다. 만날 때마다 같은 말을 하면 듣는 사람 입장에서는 피곤할 수 있다. 그러나 들어주는 것만으로도 상대는 큰 위로를 받는다. 교회 안에 청년들의 이야기를 들어 주는 사람이 있어야 한다. 이런 교회의 도움이 청년 공동체 안에서 활성화된다면 청년들이 다시 교회로 돌아올 것이다. 위로와 회복이 있기 때문이다. 청년들이 살아나길 바란다면 청년들을 힘겨운 시대를 살아가며 위로와 회복이 필요한 어린양으로, 예배자로 대해야 한다. 청년들에게는 정서를 몰라 주는 것이 자신들을 가볍게 대한다고 생각하는 근거가 된다. 다시 말하지만, 이것은 '세대 차이'가 아니라 '정서 차이'다.

권위에 묻혀 버린 정서

하나님은 사람을 통해 일하신다. 사람을 창조하신 후로 구약시대와 신약시대, 그리고 오늘날까지 항상 사람을 통해 역사하셨다. 그래서 구약 성경에서부터 하나님이 사람을 세우시는 이야기가 많이 나온다. 아담 이후에 아브라함을 세우셨고, 그다음으로 이삭과 야곱을 세우셨다. 계속해서 요셉과 모세, 여호수아, 사사들, 사무엘, 다윗, 마지막에는 많은 선지자를 세우셨다. 신약시대에는 예수님이 제자들을 직접 찾아다니며 부르셨고, 사도행전 이후에는 사도들이 신앙의 자격 요건을 따져가며 직분자를 적극적으로 세웠다.

여기서 우리는 두 가지 중요한 질문을 던져야 한다.

"하나님이 특정 사람과 교회를 세우시는 기준은 무엇인가?"

"초대교회로부터 지금까지 교회는 사람을 어떻게 세우고 있는가?"

안타깝게도 현대의 많은 교회는 이 질문의 답을 성경이 아닌 세상에서 찾았다. 그로 인해 세상에서 인정받는 사람이 교회의 리더로 세워졌고, 세상에서 말하는 리더의 기준이 교회의 기준이 되었다. 교회가 취한 세상의 기준은 여러 가지가 있지만 성공과 능력이 가장 대표적이다. 성공해서 부와 명예를 가진 사람들은 과정과 절차를 뛰어넘어 교회의 리더로 세워졌다. 특정 분야에 재능이 있는 사람들도 마찬가지였다.

최근에는 오직 전도의 결과로 리더를 세우는 목회 프로그램들이 유행이다. 정해진 숫자만큼 전도해야 리더의 조건이 확보된다. 또 어떤 경우에는 '얼마나 목회자나 교회가 원하는 대로 따라오는가'를 따진다. 물론 이러한 요소들이 한편으로는 필요함을 인정하지만 필요 이상으로 절대화되면서 정작 성경에서 말하는 기준이 등한시된다면 문제가 있다.

최근 한 대형교회 목회자 세습을 통해 교회가 찾는 리더십의 기준이 얼마나 세속적인지 드러났다. 여기에 교회 재정 문제까지 더하여서 언론에 보도되었다. 세습한 교회를 넘어 한국교회 전체를 비난하는 여론이었다. 대형교회가 세상의 비난을 듣는 것은 교회 규모가 커서가 아니다. 일부 대형교회가 가진 특유의 이기심과 본이 되지 못하는 삶 때문이다. '특유의 이기심'의 대표적인 예는 교회가 지역사회를 돌보지 않으면서 세습, 비자금 조성 등으로 교회를 사유화하여 기업 또는 개인의 재산으로 운영하는 것이 있다. 본이 되지 못하는 삶은 목회자들이 재정 문제와 이성 문제로 타락한 모습이 그 예가 될 수 있다. 사회는 목회자들의 잘못된 리더십이 문제의 근원이라고 목소리를 높인다.

과연 교회 리더십의 문제는 구체적으로 무엇일까? 문제의 핵심은 세상의 기준에서 성공한 리더가 성경의 기준을 무시한 채 세워졌다는 것이다. 그들은 세상에서 경쟁해 이기고 성공했다. 이 논리가 고스란히 교회 안에 적용되었다. 성도들은 '헌신의 경쟁'을 통해 서로를 이겨야 하는 상황이 되었다. 한국교회 1세대 목회자들은 한국전쟁 이후 가난한 국가적 상황에서도 교회를 세우고 전도하여 교회당을 채웠다. 그 가난하고 어려운 시절, 헝그리 정신으로 교회를 개척해 지금의 대형교회로 일군 담임목사는 교회 안팎에서 성공한 리더로 존경을 받아왔다.

문제는 그 성공의 공로를 내세우며 보상을 원한 것이다. 이것은 세상에서 성공한 기업 창업주들이 가진 마인드와 동일하다. 교회가 기업화 되는 이유가 여기에 있다. 그들은 굴지의 대기업 창업주들을 동경했다. 설교 시간에 그들의 성공담을 이야기했고, 성도들에게 이것이 하나님의 축복이라고 소개했다. 동시에 과거의 어려움이 다시 찾아오는 것에 대한 두려움도 함께 가지고 있다. 이것은 자수성가한 일반인들에게도 존재하는 심리다.

여기에 교회에서 그동안 가르친 축복의 교리는 일명 '기복신앙'으로 불렸다. 가난은 죄의 결과이고, 축복받으면 부자가 된다는 식의 논리를 주장하면서 더욱 세상에서의 성공을 추구하게 만들었다. 이런 논리대로라면 교회와 목회자가 어려워지는 것은 곧 하나님의 축복을 받지 못했기 때문이라는 결론에 도달한다. 이는 결과적으로 목회자에게 정죄감을 심어 준다.

떠나는 사람들

인터넷의 발달과 함께 성도들은 자기 교회 목회자의 설교만 듣는 것이 아니라 지역과 시간을 뛰어넘어 수많은 목회자의 다양한 설교를 스스로 선택하여 들을 수 있게 되었다. 성경을 읽는 눈이 더 깊어지고, 성경과 신앙의 참고서적들의 출판이 새로운 물결을 타면서 성도들은 더욱 현실을 진리로 분별하는 데 집중하고 있다. 문제는 이런 변화 속에서도 기존 교회가 변화를 거부하고 여전히 세상의 성공을 추구하고 있다는 점이다. 아직도 부와 명예를 하나님이 주신 축복의 근거로 외치고 있다.

계속되는 교회의 세상 속 전략에 성경의 진리를 붙든 성도들이 교회를 떠나기 시작했다. 직언하고 이의를 제기했지만 받아들여

지지 않았기 때문이다. 더는 교회의 리더들이 목회자라는 직분의 권위로 성도들에게 순종을 요구할 수 없게 되었다. 성도들도 일방적인 권위를 거부하고 성경을 근거로 한 열린 대화와 논리적인 설명을 요청했다. 이러한 성도들의 요청에 반응하지 못하는 일부 리더는 극단적인 대안을 찾기도 했다. 그것은 이단이 사용하는 성공적인 세력 확장 모델이었다. 그들은 교주의 1인 독재와 그 절대 권위에 모두가 복종하여 일률적으로 움직이는 이단의 모습을 부러워했다. 어이없게도 '이단에 질 수 없다', '장점이 있으면 이단에서도 배워야 한다'는 논리로 일부 조직체제와 운영법들을 가져오기 시작했다. 그렇게 기존의 일방적인 권위와 교회의 부(富)를 지키기 위한 장치를 마련했다. 한마디로 절대 권력에 도전할 수 없는 절대 체제를 만들기 시작한 것이다. 그들은 성도들이 제기한 의문에 성경적인 답을 내놓지 못했다. 오히려 '과거에는 성도들이 무지해서 좋았다'는 식으로 말하며, 그들이 가지는 의문들이 교회를 무너뜨리는 불순종이라는 결론을 내렸다.

한 교회는 재정을 투명하게 공개하기를 꺼리며 비공식적으로 재정을 모으거나 투자와 투기를 통해 더 큰 재정을 마련하려고 했다. 어떤 교회는 성도들의 직언을 막기 위해 기존 직분 제도를 실패한 교회 정책으로 비난하고 담임목사 1인을 최상위로 하는 피라미드형 다단계 체제를 적용했다. 한 교회는 목회자를 신적 존재로 부각시켰고, 그의 아들에게 교회를 세습해 주었다. 이를 따라하는 교회들도 목회자를 구약의 대제사장이나 신약의 사도로 비유하며 그 영적 권위를 높이기 시작했다. 심지어 성도들이 성경을 읽고 깨닫는 것을 막을 의도로, 제자훈련을 실패한 양육체제로 치부하고 목회자의 설교에만 집중하도록 가르쳤다.

아직 일부의 문제지만, 교회 리더 훈련 중에 인분을 먹으라고 강요하여 문제가 되었던 교회처럼 절대적 권위에 의한 문제들이 생겨나고 있다. 또한 최근 'G12'와 'D12' 같은 교회 성장 프로그램이 한국교회에 퍼지는 것과 같이 이런 유형의 교회들이 점점 늘어나는 추세다.

이런 문제들이 교회 내 각 공동체로 흘러가면서 공동체 리더들에게도 권위의식과 일방적 소통 방법들을 적용하는 등의 문제가 확대되고 있다. 공동체 리더들은 담임목사의 권위 구조와 소통 방식을 본받는다. 이 과정에서 상처받고 떠나는 성도는 더욱 많아졌고, 남은 사람들은 정서적으로 무너진 채로 교회 내에서 경쟁해야 했고, 불안한 정서 상태가 드러나 자신이 저주받은 것으로 인식될까 두려워했다.

준영(가명) 형제는 교회에서 찬양팀을 섬겼다. 그런데 어느 날 교회가 정한 복장 매뉴얼을 지키지 못했다. 그날 정해진 색상의 옷을 입지 못한 것이다. 예배 담당 책임자는 그에게 통일된 옷을 입지 않고는 무대에 설 수 없다고 통보했다.

창수(가명) 형제도 예배 인도자다. 그는 교회 성도들로부터 찬양을 인도할 때 눈을 자주 깜박인다는 피드백을 받았다. 평소에 팀 내에서 전혀 문제가 되지 않았고, 성도의 피드백에 어떤 멤버도 공감하지 못했다. 그러나 교회는 결국 예배 인도자를 교체했다.

시온(가명) 자매는 기독교 기관 찬양팀에서 보컬을 담당하고 있다. 그런데 어느 날 찬양팀 담당자의 지시에 충격을 받았다. 무대에 서는 자매들에게 짧은 치마를 입으라고 했기 때문이다. 그래야 청중들이 더 집중하게 된다는 논리였다.

도경(가명) 형제는 교회 방송팀을 섬겼다. 하루는 주일 예배 자막에 실수가 생겼고 카메라가 교회 천장을 비추는 실수를 했다. 예배가 끝난 후 담당자의 호출을 받은 방송팀은 땅에 머리를 박고 반성의 시간을 가졌다. 오늘 대한민국 교회 리더십의 실체를 보여주는 생생한 사례들이다.

문제를 인지한 사람들

"목사님, 진짜 너무 스트레스받고 힘들어요."

회사에 다니는 성도들과 이야기할 때마다 듣는 말이다. 물론 월급이 적거나 일이 힘들거나 출퇴근 거리가 멀거나 하는 문제들도 있었지만 가장 큰 이유는 바로 사람이다. 직장에서 만나는 사람들과의 관계는 언제나 많은 스트레스를 준다. 모두가 결과를 내기 바쁜 나머지 인성이 무너지고 비인격적인 모습을 드러내기도 한다. 기업에서 인성을 강조하는 것 자체가 불가능하다고 생각하는 직장인들이 많다.

물론 앞서가는 기업들은 이에 대한 다양한 대안을 적용하기도 한다. 회사의 조직구조가 수직적이고 권위적이기 때문에 생기는 문제로 진단하여 구조를 변형시켰다. 조직 자체는 최종 결정을 위한 목적으로 남겨두고 서로가 평등한 위치에서 소통하도록 돕는가 하면 전통적인 직함에서 벗어나 기능의 역할을 드러내면서도 권위를 나타내지 않도록 바꾸었다. 나아가 개인 책상을 없애고 모든 것을 함께 공유하는 '공유 오피스' 개념을 도입했다. 출근할 때마다 자리가 바뀌고 옆에 앉는 사람도 바뀌면서 자연스럽게 서로 소통하는 분위기를 만든다. 해외의 경우에는 책상과 책상 사이의 칸막이를 없애는 사무실이 많아지고 있다. 사무실의 처음부터 끝까지를 모두가 볼 수 있다. '앤 해서웨이'와 '로버트 드니로'가 주인공으로 나오는 영화 〈인턴〉에서는 이런 변화된 기업의 모습이 잘 묘사된다. 기업의 대표는 사무실 입구에서 자전거를 타고 대표실로 이동한다. 동선을 줄이기 위한 대안이기도 하고, 짧은 시간에 모든 직원이 일하는 모습을 보기 위함이다. 또 회사 내 전문 안마사를 고용하여 직원들이 피곤할 때 활용하도록 했다. 우리나라 여러 기업이 회사 내에 헬스장을 만든 것과 아주 유사한 대안이다.

이런 인식을 새로운 기술에 도입한 경우도 있다. 지난 2003년, 러시아에서는 사람의 감정을 측정할 때 쓰는 '바이브라 이미지(Vibraimage) 기술'을 개발했다. 사람은 특정 감정을 느끼고 있을 때 자기도 모르게 미세한 움직임을 보인다는 데 착안했다. 귀 안쪽에 위치한 전정기관(머리의 수평, 수직 선형 가속도, 회전 운동을 감지하고 중추

평형기관에 전달해 신체의 균형을 유지하게 하는 기관)은 감정에 따라 머리를 움직이도록 한다. 머리 움직임을 분석하면 특정 자극이 주어졌을 때 그 사람의 심리와 감정을 분석할 수 있게 된다. 이 기술은 이렇게 분석한 감정 상태를 색으로 구현한다. 만약 불편함을 느끼면 붉은색 계통, 안정감을 느끼면 녹색 계통의 색이 표시된다. 2018년 6월 20일자 〈매일경제〉에 따르면 우리나라는 2010년에 이 기술을 국내에 들여왔으며, 2013년부터 거짓말 탐지기를 정교하게 할 보완재로 사용하고 있다고 한다. 거짓말 탐지기와 비교했을 때도 정확도가 83% 정도 일치한다고 한다.

가정에서 부모들도 나름의 대안을 찾고 있다. 여전히 '1등 만들기'에 혈안이 된 부모도 많지만, 조금씩 변화가 감지되고 있다. 강남에 사는 초등학생 지수(가명)의 부모님은 최근에 경기도 외곽 신도시로 이사했다. 지수가 공부에 재능이 없다는 이유 때문이었다. 공부도 1등이 아니면 안 되는 시대인 데다 서울에 있는 명문 대학을 가기 어렵다면 차라리 다른 재능을 찾는 게 더 현명하다고 생각했다. 그래서 '재능 찾기 프로젝트'에 돌입했다. 서울에 살 때 사교육비로 한 달에 500만 원 정도를 지출했지만 이제는 이 돈을 재능 찾는 데 쓰고, 조금씩 모아서 나중에 그 재능으로 어떤 일을 시작할 때 든든한 자금을 후원해 줄 생각이다. 이런 부모들은 자녀들을 경쟁 사회에서 탈출시키고 스스로 길을 찾도록 돕는다.

교회 안에서도 이런 변화의 물결이 시작되어야 한다. 안타깝지만 교회의 대안은 아주 미비한 수준이다. 얼마 전 내가 목회자 세미나에 갔을 때 한 목사님이 이렇게 말씀하시는 것을 들었다.

"내가 교역자를 뽑을 때나 장로, 안수집사 등 사람을 세울 때 기준은, 바로 착한 사람입니다."

여기서 의문이 생긴다. 대체 착한 사람이란 어떤 사람인가? 착하기만 하면 다른 것은 하나도 중요하지 않다는 말인가? 그의 신앙 이력이나 그가 하나님과 이웃에게 행한 것들이 꼭 착함과 연결될까? 이런 모호한 기준으로 사람을 세우는 일은 무리가 있다.

다음 장에서는 건강하지 못한 리더십의 두 가지 유형을 살펴보면서 어떻게 미래형 리더로 준비되어야 할지 알아보자.

2부
무너진 리더십

3장

▱

정서가 무너진 리더

서영(가명) 자매는 청년부 예배를 드리다가 목사님의 설교에 깊은 은혜를 받았다. 삶의 여러 결단을 마음에 새기며 설교를 들었다. 예배가 끝난 후 목사님이 서영 자매를 불렀다. 자매는 '오늘 은혜받은 것을 어떻게 아셨지?'라고 생각했다. 그러나 목사님의 질문은 자매를 혼란스럽게 했다.

"서영이 너는 내 설교가 그렇게 은혜가 안 되니?"

"목사님, 저 오늘 은혜 많이 받았어요. 은혜를 못 받았다니 무슨 말씀이세요?"

"그럼 왜 울지 않니?"

이 목사님은 은혜 받으면 무조건 울어야 한다고 생각한 것이다. 정서가 무너진 리더는 감정 자체에 민감해진다. 자신의 감정이 무너져 있기 때문이다. 그 순간 모든 사람의 감정을 자신의 감정과 동일하게 이입시킨다. 자신이 울면 다른 사람도 울어야 한다고 생각한다. 즉, 목사님은 '내가 은혜 받으면 우니까, 너도 은혜 받으면 울어야지'라고 생각한 것이다. 감정의 이입이 만들어 낸 무서운 결과였다.

눈물을 강요 당하다

많은 교회 리더들이 감정으로 자신이 은혜 받았음을 증명하고, 확인하려고 한다. 이는 정서가 민감한 시대임을 알기에 예배 안에 열정이 정서적 요소로서 역으로 악용되는 사례이다. 찬양 시간이 대표적이다. 감정을 자극하는 음악과 분위기를 연출하여 우울한 사람들이 기뻐하고 뛰게 만든다. 이런 예배가 3세대 목회자들이 세워지면서 유행하고 있다. 4세대 리더들은 더욱 적극적일 것이다. 기뻐하고 뛰는 것 자체가 결코 잘못이 아니다. 다만 감정이 악용되는 경우는 피해야 한다.

우리가 드리는 찬양의 대상은 하나님이다. 모든 찬양은 오직 하나님을 향한 노래여야 한다. 하나님은 우리가 찬양할 때 기뻐하고 즐거워하신다. 그리고 찬양하는 우리에게 하나님의 선물, 즉 '은혜'를 허락하신다. 이 은혜로 찬양하는 이의 영혼이 잠에서 깨어나고 하나님의 사랑을 느낀다. 내면의 슬픔이 기쁨으로 바뀌기도 하고 상처가 치유되고 지친 마음이 회복을 얻기도 한다. 그래서 찬양 중에 사람들이 다양하게 감사하고 기뻐하고 감동받는 모습들을 보게 된다.

사람들이 각각 다른 기질과 성향을 가지고 있듯이 은혜를 받은 모습도 사람마다 다양하게 나타난다. 어떤 사람은 손을 들거나 무릎을 꿇는다. 어떤 사람은 펄쩍펄쩍 뛰거나 '아멘'을 크게 외친다. 어떤 사람은 눈물을 흘리기도 한다. 어떤 경우에는 이 모든 반응이 한꺼번에 터져 나오기도 한다. 반대로 어떤 경우에는 아무런 반응이 없다. 그저 고개를 끄떡이거나 눈을 잠시 감는 등의 작은 반응이 있을 뿐이다. 작은 반응을 보이는 사람들은 은혜를 적게 받은 것일까? 결코 아니다. 그들도 하나같이 은혜를 깊이 누렸고 충분히 반응했다.

자라온 교회의 예배 분위기와 신앙의 강조점, 즉 말씀을 강조하는지, 성령의 은사를 강조하는지, 찬양을 강조하는지에 따라 그들의 반응에 차이가 나타나기도 한다. 나는 어릴 때 악기조차 사용하지 못하게 했던 아주 보수적인 교회에서 자랐다. 나중에는 오직 말씀을 연구하는 것을 강조하는 교회, 그다음에는 찬양을 강조하는 교회 등 여러 교회에서 신앙생활을 해 왔기에 은혜에 대한 사람들의 각기 다른 반응들을 이해할 수 있었다.

알고 보면 교회마다, 목회자마다 '감정'에 대한 해석이 너무 다양했다. 어떤 교회는 찬양 중에 감정 표현이 있어서는 안 된다고 하고, 어떤 교회는 감정 표현이 반드시 있어야 한다고 하고, 어떤 교회는 수학 공식처럼 손을 들면 안 되고 울어도 안 된다고 하고, 어떤 교회는 반대로 두 손 들고 울어야 한다고 한다. 찬양 인도자가 회중을 향해 어떤 특정한 반응을 정해놓는 교회도 있다. 찬양 중에 은혜가 얼마나 임하고 있는지를 우는 사람의 수를 보면서 판단한다. 그렇다면 인도자는 회중이 눈물을 흘리도록 많은 시도를 할 것이다. 감동적인 멘트와 찬양 가사, 악기 연주와 선율을 통해 조금이라도 더 많은 사람이 울기를 바랄 것이다. 이런 시도가 계속된다면 찬양 시간에 건강하지 않은 일들이 발생할 수 있다. 찬양 선곡이 편중되거나, 연주팀이 감정에 호소하는 음악을 요구받거나, 혹은 인도자의 멘트가 쓸데없이 길어지거나 기도 시간에 필요 이상의 감정을 자극하는 내용이 들어가는 등 예배의 본질을 망각하는 일들이 벌어질 수 있다.

이처럼 '감정'은 찬양의 필수 요소이긴 하지만 정해진 답을 찾듯이 판단하고 요구하고 강요해서는 안 된다. 이 점을 반드시 유의하고 찬양 중에 임하시는 성령의 임재에 각자가 자유롭게 반응하도록 해야 한다.

●● 내가 우울하니 너희도 우울하라?

찬양 시간에 가장 큰 영향력을 행사하는 사람은 바로 찬양 인도자다. 인도자는 찬양팀의 음악적 화합과 더불어 예배의 영적 흐름에 큰 책임이 있다. 그는 예배가 시작되면 찬양팀과 회중이 하나로 연합하도록 돕는다. 동시에 하나님 앞에서 우리의 찬양이 신령과 진정의 고백이 될 수 있도록 이끄는 역할을 감당한다. 그래서 어떤 찬양 인도자를 세우는지가 아주 중요하다.

찬양 인도자의 자격이라고 한다면, 대표적으로 두 가지, 영성과 음악성을 논할 수 있다. 이것은 누구도 부인할 수 없는 절대적 조건이다. 그러나 현대사회에서 정서적 상처와 질병이 커다란 문제가 되고 있다는 점을 간과해서는 안 된다. 그래서 찬양 인도자에게 시대적으로 요구되는 또 하나의 조건은 바로 '건강한 정서'이다.

인도자가 우울증이나 조울증 혹은 애정 결핍증이나 편집증 등의 정서적 질병을 앓고 있다면? 주변 사람들을 힘들게 할 정도로 부정적이거나 신경질적이라면 어떨까? 감정 기복이 너무 심하거나 마음 상태를 숨기지 못하여 표정이나 태도나 말로 자주 표현된다면? 분명 찬양 시간에 그의 건강하지 못한 정서에서 나오는 것들이 청중들에게 나쁜 영향을 줄 수 있다.

내가 찬양팀 담당으로 사역할 때 일이다. 예배가 시작되고 찬양 시간이 되었는데 인도자가 우울한 상태였다. 그의 심리 상태가 심각한 정도로 침체된 것이 표정에 드러났다. 곧 찬양이 시작되는데 인도자가 과연 이런 기분으로 찬양 인도를 해야 하는지 걱정이었다. 그렇다고 지금 와서 다른 사람에게 책임을 떠넘길 수도 없었다. 억지로라도 찬양을 인도해야 하는 그가 말했다.

"여러분, 저는 오늘 즐겁게 찬양할 기분이 아닙니다. 지금 제 마음이 너무 지치고 우울합니다."

그 순간 예배당 안에 정적이 흐르며 회중이 당황한 것이 보였다. 아무리 그가 탁월한 음악 재능을 가졌다고 해도 이런 태도는 적합하지 않다. 회중은 그의 고백을 듣고 함께 지치고 우울해져야 한단 말인가. 사실 이런 인도자들이 의외로 많다. 나는 예배가 끝나고 인도자에게 찬양 전 멘트에 대한 피드백을 했다. 돌아오는 그의 답변에는 나름 근거가 있었다.

"억지로 숨기고 찬양하느니 솔직하게 말하고 싶었습니다."

나는 그에게 이렇게 말했다.

"회중은 찬양 시간에 인도자를 가장 의지합니다. 그러니 오늘처럼 청중들에게 솔직한 기분을 밝히는 것보다 찬양 중에 임하시는 성령님 앞에 정직하게 기도하며 해결을 요청하는 것이 좋습니다. 회중에게 의지하지 말고 성령님의 임재와 은혜에 의지해야 합니다."

인도자는 때로 자기가 슬프더라도 모든 무거운 짐을 성령님께 맡기고 그분의 은혜를 의지하면서 기쁘게 찬양해야 한다. 자신의 감정이 무너지는 순간에도 하나님 앞에 기도하며 감정을 지킬 수 있어야 한다. 한편으로는 이해한다. 음악 전공자들은 대체로 감성이 예민하고 감정 기복이 심하다. 사실 그런 민감한 감수성과 예민한 감정이 있기에 음악을 잘할 수 있는 측면도 있다.

그러나 여기서 말하는 건강한 정서는 단지 그런 차원이 아니라 공식적인 찬양 시간에까지 그 정서가 회복되지 못하는 일이 너무 잦은 경우에 대한 염려다. 정서의 무너짐을 합리화하기보다는 건강한 정서를 지키기 위한 관심과 노력이 필요하다. 그렇다면 어떻게 해야 할까?

찬양 인도자뿐 아니라 찬양팀 모두가 자신의 정서를 돌보고 회복할 수 있도록 교회가 돕고 지원해야 한다. 기계처럼 반복해서 섬기거나 사람이 없다는 이유로 과도한 헌신을 요구하는 등의 상황이 벌어지지 않도록 해야 한다. 공동체 내에서도 팀원들의 스트레스를 줄이고 모임 때마다 은혜와 회복이 있도록 자구책을 마련해야 한다. 정서 관리와 회복의 필요성이 교회 안에서 강화되어 행복하고 즐거운 헌신이 되기를 소망한다.

가스라이팅 리더십

여기 정서가 무너진 또 한 명의 리더가 있다. 그런데 문제를 인식하거나 해결할 의지가 없다. 도리어 자신이 건강하다고 믿는다. 그 누구도 그의 정서에 대한 문제를 지적할 수 없다. 이런 사람이 리더가 되면 공동체가 자신의 정서에 맞추도록 강요할 것이다. '나를 따르라'는 그의 외침은 '나의 정서를 따르라'는 말이 된다. 이런 리더는 자신의 정서적 문제를 자신의 성향이라고 주장하기 쉽다. 나아가 이 성향이 공동체를 위해 존중되어야 한다고 생각한다.

이런 상태에서 정서적 문제가 심각하다면 자칫 공동체를 향한 가스라이팅(Gaslighting)이 시작된다. '가스라이팅'이란 상황을 조작해 상대방이 스스로를 의심하게 만들어 판단력을 잃게 하는 정서적 학대 행위로, 흔히 '심리 지배'라고도 한다. 가스라이팅을 당한 사람은 자신의 판단을 믿지 못하게 되면서 점차 가해자에게 의존하게 된다.

정서가 무너진 리더는 공동체가 자신의 성향에 맞지 않으면 견디지 못한다. 이런 리더는 자신이 하고 싶은 것이 있으면 반드시 해야 하는 성향이 있다. 본능적으로 지배욕이 강해 자신이 탑 리더가 되어야만 하고, 자신의 비전을 공동체의 비전으로 강요한다. '내가 곧 공동체'라는 존재적 인식을 가진다. 공동체가 자신만을 바라보고 존경하기를 원한다. 자신의 말 한마디에 공동체가 군대처럼 복종하고 순종하기를 바란다. 모든 공간이 '충성', '복종'과 같은 구호들로 채워져 있다.

인규 형제는 한 선교단체에서 간사를 모집한다는 구인광고를 보았다. 선교에 부르심이 있었지만 직장 생활을 하며 시기를 놓쳤다고 생각했을 즈음에 공고를 보게 된 것이다. 두근거리는 마음으로 면접 장소로 달려갔다. 그곳은 선교단체 본부가 있는 곳이었고, 한 간사의 안내를 받아 대표실로 들어갔다.

대표는 깔끔한 옷차림에 정갈한 헤어스타일로 세련되어 보였다. 첫인상부터 강한 카리스마가 느껴졌다. 그는 친절했고 정중했다. 대표는 면접 내내 공동체의 하나 됨을 강조하며 순종하는 간사를 찾는다고 했다. 자신과 마음이 맞아야 하고 자신의 성향을 이해해 줄 수 있어야 한다고 했다. 인규 형제는 직장 생활을 하면서 리더의 이러한 요구에 매우 익숙했기 때문에 자연스럽게 받아들였다. 대표는 인규 형제의 태도에 만족하며 좋아했고, 인규 형제는 이미 머릿속으로 간사로 출근하는 자신의 모습을 그리고 있었다. 면접이 거의 막바지에 이르렀을 때, 대표가 자신 앞에 놓여 있던 하얀색 커피잔을 가리키며 말했다.

"이 색이 무슨 색인가요?"

"하얀색입니다."

"제가 보기엔 빨간색인데요. 어떻게 생각하세요?"

인규 형제는 당황스러웠지만, 다시 하얀색이라고 대답했다. 대표가 말했다.

"네, 하얀색이 맞죠. 그런데 제가 빨간색이라고 하면 빨간색인 겁니다."

인규 형제는 큰 충격을 받았다. 대표가 지금까지 말한 순종이 이런 것이었나 싶어 회의감이 몰려왔다. 과거에 자신을 괴롭혔던 직장 상사가 생각났다. 그도 비슷한 말을 했다.

"내가 그렇다면 그런 거야. 내 말에 토 달지 마. 내가 까라면 까는 거야. 틀려도 맞는 거야. 알겠어?"

지난 시절의 아픔을 반복하고 싶지 않았던 형제는 대표에게 단호하게 말했다.

"죄송하지만 저는 그렇게 못하겠습니다. 제 눈앞에 보이는 것까지 부인할 수 없습니다. 그것은 공개적으로 저를 가스라이팅 하겠다고 선언하시는 것입니다."

이 말에 대표는 분노했고 입에 담을 수 없는 비난들을 쏟아냈다. 대표실에서 쫓기듯 나온 형제는 처음에 자신을 안내했던 여자 간사에게 물었다.

"저 잔이 어떻게 빨간색입니까?"

그녀는 그 간단한 것을 모르냐는 표정으로 이렇게 말했다.

"불합리한 지시에도 순종할 수 있어야 하니까 일부러 불합리한 지시를 한 것입니다."

가스라이팅에는 공동체를 리더에게 속박시키기 위한 목적이 담겨 있다. 마치 리더가 몸살이 났으니 공동체도 몸살이 나야 한다는 논리다. 자기 말을 듣지 않으면 견디지 못하는 성향이기에 자신만을 바라보게 한다. 이제부터 내가 다양한 현장에서 경험한 사건과 가스라이팅에 의한 피해자를 상담하면서 분석한 '가스라이팅을 위한 10단계 전략'을 소개한다.

1단계에서 리더는 공동체 모두가 공감할 만한 비전을 제시한다. 예를 들어 세계 복음화, 한국교회 회복, 하나님 나라의 확장, 대학 캠퍼스 기독 동아리 부흥과 같은 것들이다. 물론 이 부분은 결코 잘못이 아니다.

2단계는 그 비전을 위한 도구를 소개한다. 자신들이 정한 특정 사역이 그 비전을 성취하기 위한 유일한 방법이다. 이런 방식을 따르지 않는 여타 단체들은 타락하고 변질된 공동체라고 비난하기도 한다.

3단계는 리더를 소개한다. 리더는 이 공동체가 비전을 성취하기 위해 하나님이 보내신 사명자이고, 이 비전을 성취할 유일한 통로다. 이제 공동체 구성원 모두는 리더에게 복종해야 하며 이세 가지 구심점 즉, 비전, 방법, 리더에 충성으로 보답해야 한다. 이런 과정을 통해 리더는 자신이 곧 진리임을 확신하게 하고 한편으로 그 진리를 거부하거나 떠나는 자에게 두려움을 심어 준다.

4단계는 수직 구조의 조직체계를 만드는 일이다. 그들에게 가장 좋은 모델은 다단계 기업에서 사용하는 피라미드식 조직구조이다. 이는 리더를 견제하지 못하는 구조다. 하위 조직에서는 리더의 결정에 따라 상위 리더로 승진 또는 하위 리더로 '징계성' 임명이 되기도 한다. 이 구조에서는 기존 상위 구조에 속한 리더들에게 큰 권위가 주어진다. 그래서 탑 리더에게 더 큰 권위가 주어져도 순종하는 것이다. 탑 리더에게 큰 권위가 주어질수록 자신의 권위도 높아지기 때문이다.

5단계는 공동체가 경쟁하고 실적에 따라 차별을 주는 일이다. 보상에 따라 이 경쟁 구도는 더욱 강력해진다. 공동체는 경쟁을 싫어하지만 막상 경쟁이 시작되면 뒤처지기는 더 싫어한다. 모두가 해야 하는 분위기가 조성되면 거부하기보다 함께 따라가는 것이 편하다. 리더십을 거부하는 자는 누구라도 그냥 두지 않는다.

6단계는 외부의 정보를 차단한다. 5단계까지 오면 사람들이 경쟁을 통해 상처받고 과연 이 공동체가 건강한 공동체인지에 의문이 생긴다. 조사와 연구를 위해 외부의 정보들을 활용하여 검증을 시도한다. 이에 공동체는 외부 정보를 차단한다. 외부의 누군가와 상담하는 것을 경계하고 특히 인터넷 검색을 금지한다. 사실 외부 차단을 위한 준비는 이미 초반부터 가동되고 있었는데 외부를 향한 비난이 그것이다. 계속되는 외부를 향한 비난은 구성원들이 외부를 불신하게 만들었고, 6단계가 성공할 가능성이 커진다.

7단계에서는 공동체 내부를 감시한다. 경쟁에서 실패하고 상처받은 사람들을 감시하는 것이 목적이다. 리더를 제외하고는 단톡방을 만들지 못하도록 한다. 물론 건강한 목적을 위해서도 이런 규정이 세워질 수 있지만 앞서 말한 6단계에 적용된다면 결코 건강한 목적이 될 수 없다. 모든 모임은 보고되며 사적 모임은 허락을 받아야만 한다. 리더 없이 소그룹 모임을 가지는 경우 공동체에 대해 부정적인 질문을 할 수 없다.

8단계는 공동체를 거부하고 나간 사람을 비난하는 일이다. 공동체를 거부한 사람이 지속적으로 내부에 영향력을 행사하지 못하게 해야 하기 때문이다. 특히 영향력 있는 사람이 떠나면 비난을 강화한다. 여기서 거짓말과 모함을 하는 경우도 많다. 이를 보며 내부 사람들이 공동체를 떠나는 데에 두려움을 갖게 만든다.

9단계는 공포감을 심어 줄 차례다. 가장 중요한 단계다. 공포심을 주기 위해서는 아주 강력한 징계와 처벌을 보여 주어야 한다. 6단계를 거부한 사람이 7단계에서 발각되거나 8단계에서 비난받은 사람을 징계하고 처벌한다. 이때 아주 강력한 처벌이 내려지고 이는 앞으로 일종의 모델이 된다. 이런 공동체는 공동체 교육 시 반드시 일벌백계의 모델이 소개된다.

마지막 10단계는 믿음에 대한 재해석이다. 믿음을 무조건적인 복종으로 해석한다. 이 때문에 불합리한 지시에도 복종해야 하는 일들이 가능해진다. 하얀색 컵이 빨간색 컵으로 둔갑하는 놀라운 일이 벌어진다. 이것이 일반적인 가스라이팅 리더십의 형태다.

5단계까지는 어디에나 있을 수 있다. 그러나 6단계부터는 정체가 드러나는 단계이다. 7단계부터는 이미 내부에 상당한 거부 반응이 일어나고 있다는 증거가 된다. 성경적인 공동체는 복음을 전하고 가르치는 일에 집중한다. 이 일을 위하여 기도하고 섬기고 구제한다. 어떤 단계와 전략으로 사람을 조종하려고 하지 않는다.

리더는 공동체를 위해 교훈하고 책망하고 바르게 하고 의로 교육해야 한다. 그래서 팔로워들을 하나님의 사람으로 온전하게 만들어가고 모든 선한 일에 능력을 갖추도록 인도한다. 이것이 성경적인 공동체가 해야 하는 일이다.

가스라이팅 리더십 10단계 전략

1단계 : 공동체 비전 제시

2단계 : 비전을 위한 방법 제시

3단계 : 비전과 방법을 위한 리더십 제시

4단계 : 수직적 조직 구조 설정

5단계 : 공동체 내부 경쟁 및 실적에 따른 보상 체제

6단계 : 외부의 정보 차단

7단계 : 공동체 내부 감시

8단계 : 공동체를 거부한 사람에 대한 비난

9단계 : 공포심을 주기 위한 징계와 처벌

10단계 : 믿음을 무조건적인 복종으로 해석

4장

◻

신앙이 무너진 리더

모든 교회 공동체는 성경을 근거로 모이는 신앙 공동체이기에 성경이 말하는 의미를 잘 묵상하고 있는지가 가장 중요하다. 그렇지 못했을 때 공동체가 영적으로 병이 들 수 있다. 그러나 안타깝게도 성경을 근거로 한 기독교 신앙은 너무 다양한 해석으로 수많은 교리를 만들어냈다. 그중에는 자신의 상처가 신앙에 녹아 있는 경우가 많다. 교회의 리더는 상처를 품고 있으면 안 된다. 특히 목회자는 교회 모든 공동체에서 리더가 된다. 리더가 내면에 품고 있는 상처가 무엇이고, 상처의 크기가 어느 정도인지에 따라 공동체를 위한 결정 과정에 큰 영향을 준다.

좁은 문 VS 불편한 문

　대표적인 목회자의 상처로 '자기 학대 신앙'이 있다. 예수님의 좁은 문 비유를 자기 상처와 연결해서 나온 것인데, 자신이 과거에 받았던 상처를 현재의 문제를 해석하는 기준으로 삼는 것이다. 예를 들어, 어린 시절부터 아버지에게 가정 폭력을 당하며 자란 청년이 하나님을 믿게 되었다. 그런데 하나님을 아버지라고 부르기 어려웠다. 자신에게 아버지란 폭언과 폭력의 이미지로 가득했기 때문이다. 과거 아버지의 이미지가 현재 하나님을 아버지라 부르는 것을 방해하고 있었다. 과거의 이미지가 기준이 되었기 때문이다. 더 나아가서 아래 성경 말씀을 잘못 해석한다.

좁은 문으로 들어가라 멸망으로 인도하는 문은 크고 그 길이 넓어
그리로 들어가는 자가 많고 생명으로 인도하는 문은 좁고 길이
협착하여 찾는 자가 적음이라. 마태복음 7:13~14

자기 학대 신앙은 이 말씀에 언급된 '좁은 문'을 무조건 어렵고
힘든 방법을 선택하는 것으로 해석한다. 자신이 무조건 어렵고 힘
든 방법을 택하라는 강요 속에 상처를 받아왔기 때문이다. 고행을
요구하는 것처럼 모든 결정을 불편한 방식으로 처리하려고 한다.
자기 학대의 방법으로 불편을 요구하는 것이다. 반대로 효율적이
고 효과적인 방법은 세속적이고 하나님이 원치 않는 방법이라고
단정짓는다.

영수 형제는 한 선교단체에서 훈련받고 있다. 훈련 받은 지 몇
달 되지 않았을 때 고난주간을 기념하여 동아리 영성 수련회가 있
어 참여했다. 말씀을 전하는 대표 간사가 말했다.

"예수님이 십자가에서 우리를 위해 고통 당하며 죽으셨습니다.
우리는 이 고통을 본받고 따라가야 합니다. 특히 선교 사명을 감
당할 우리는 더욱 그러해야겠지요. 그러니 우리 동아리도 그 고통
을 함께 경험해야 합니다."

대표 간사는 모든 멤버에게 40일 금식을 선포했고 그 기간 동
안 핸드폰 사용도 금지했다. 여기서 그치지 않고 친구들과의 만남
과 금전적 거래까지 금지했다. 심지어 성경 이외의 책을 보는 것
도 금했다. 예수님만 생각하고자 하는 의도는 알겠지만, '고통' 자

체에 필요 이상으로 집중하는 모습에 거부감이 들었던 그는 결국 수련회 도중에 동아리를 탈퇴하고 나왔다. 간사들은 그를 믿음이 부족하고 세상에 타협한 사람으로 취급했다. 나는 영수 형제를 만나 이렇게 권면했다.

"십자가 고통을 느끼겠다고 자기를 학대하는 것은 옳지 않아. 그러나 그들은 모든 것을 금지함으로써 십자가의 고통을 묵상할 수 있다고 생각하지. 과연 그것이 예수님이 고통을 당하신 이유일까? 고통 속에 뿌려진 메시지를 보는 것이 그 고통 자체가 아니면 불가능할까? 그렇다면 우리에게 주신 성령의 은혜와 기도의 능력은 무엇일까? 예수님은 제자들에게 고통 자체를 가르치지 않으셨어. 하나님의 성품은 우리를 학대하도록 이끄시는 게 아니야. 자신이 대신 고통당하심으로 우리를 죄에서 구원하신 구속의 은혜임을 잊지 말아야 해."

어느 교회에서 목사님이 복사기 사용을 금지했다. 복사기로 문서나 악보를 복사하는 것은 하나님 앞에서 사역을 쉽게 하려는 게으른 자의 방법이며, 교회 재정을 헤프게 사용하려는 불순한 의도라는 게 그 이유였다. 극단적인 이야기 같지만 나는 실제로 이런 교회들을 두 눈으로 직접 보았다.

어떤 교회는 C국으로 단기 선교를 가는데 비행기 대신 굳이 배로 이동했다. 역시 비슷한 이유에서였다. 한 교회 찬양팀은 주일 예배 찬양 연습을 세 시간이 넘게 했다. 단 3곡을 곡당 1시간씩 연습했다. 음악의 질을 위해서라면 이해할 수 있는 측면이 있지만,

연주자들은 그게 아님을 알았다. 이렇게까지 연습해야 하는 이유를 물었을 때 리더가 이렇게 말했기 때문이다.

"어떻게 예배 찬양을 곡당 한 시간도 연습 안 할 수 있어? 연습의 결과보다 연습의 분량이 더 중요해. 우리는 고통의 시간을 드림으로 더욱 완전한 찬양을 드릴 수 있어."

이 모든 것이 어떤 교리를 따르느냐의 문제와 연결된다. 하나님께 완전한 예배를 드려야 한다는 이유로 완벽을 요구하고, 십자가 고통을 묵상한다는 이유로 고통을 요구한다. 하나님의 거룩을 실천해야 한다는 이유로 불편을 요구하고, 예수님의 기도를 본받아야 한다는 이유로 강제 금식을 요구한다. 이 모든 불편을 '좁은 문'이라는 성경의 단어와 연결시키고, '성경적'이라는 결론을 낸다. 이 과정에서 자기 학대는 합리화된다.

●● 은혜 VS 공포

자기 학대의 방법으로 고통을 요구하는 경우를 더 살펴보자. 어느 목사님은 초등학생 아들을 유명한 어린이 신앙 캠프에 보냈다. 캠프 기간 내내 담당 선생님이 부모에게 현장 사진을 보내 주었다. 그 사진 안에서 아들이 눈물을 흘리며 기도하고 있는 것이 아닌가! 목사님이 감사하고 감동한 것은 말할 필요가 없었다. 캠프가 끝나고 아들이 돌아왔다. 목사님은 기대하는 마음으로 아들에게 물었다.

"이번 캠프에서 은혜 많이 받았어?"

아들의 대답은 의외였다.

"아빠, 은혜를 받은 것은 맞는데 사실 집회가 너무 무섭고 공포
스러웠어."

"무섭고 공포스러웠다니 그게 무슨 소리야?"

목사님은 너무 당황해서 심장이 두근두근 거렸다.

"설교하는 목사님이 예수님이 십자가에 못 박히는 장면을 설명
하는데 너무 잔인하고 고통스러운 장면들을 1시간 정도 얘기했
어. 친구들이 너무 무섭다고 울었어. 나도 설교 끝나고 기도하는
데 그 장면들이 생각나서 너무 무서워서 막 울었어."

캠프 강사는 예수님의 십자가 고통 자체를 공포스러운 분위기
로 전했다. 어린아이들에게 채찍질과 못 자국, 피 흘림을 자세히
묘사하며 그 고통을 대신 느껴보자는 식으로 설교한 것이다. 이후
목사님은 캠프 관계자에게 이런 설교에 대한 우려를 전했다. 그런
데 돌아온 답변이 목사님의 마음을 더욱 복잡하게 했다.

"설교의 내용보다 아이들이 울며 기도했다는 것 자체가 더 중
요합니다."

고통과 고행의 요소에 집중하는 신앙이 독버섯처럼 퍼져 있다.
예수님의 십자가 고통을 묵상하겠다고 자신을 고통스럽게 할 필
요가 없다. 예수님은 그 고통으로 당신의 죄의 형벌을 대신 받으
셨지, 당신에게 그 고통을 느껴보라고 말씀하시지 않았다. 그 고

통 속에 담긴 사랑과 은혜에 집중하고, 십자가의 고난을 통한 구원 앞에 감사하면 된다.

예수님은 유월절에 성만찬을 베풀며 세족식을 하셨다. 앞으로 당할 십자가의 고난을 이렇게 묵상하라는 의미였다. 만약 앞으로 당할 고통을 느끼길 원하셨다면 세족식이 아닌 몽둥이를 주고 서로 때려보라고 하셨을 것이다. 아니면 고난주간마다 십자가를 집에 놓고 하루 동안 매달려 있으라고 하셨을지도 모른다.

겸손히 내 '죄성'을 발견하기 위해 스스로를 돌아보는 시간을 가져야 한다. 성경이 말하는 죄가 무엇인지를 살피고 배워야 한다. 그래서 죄에서 구원하심에 감사하는 데 집중해야 한다. 세족식을 기억하자. 그 감사의 마음으로 내 이웃의 발을 닦아 주어야 한다. 나를 용서하시고 구원하신 예수님의 마음으로 다른 이들을 겸손과 사랑으로 섬겨야 한다. 그것이 십자가 고난을 묵상하는 이들의 열매이기 때문이다.

고난주간을 보낼 때 생각해야 할 것은 환난 당한 자, 주린 자, 원통한 자들이 깊은 슬픔 가운데 아파하고 있다는 사실이다. 십자가 고난을 성경 말씀대로 묵상한다면, 십자가 사랑이 열매로 맺힐 것이다. 구약의 다윗처럼, 신약의 예수님처럼 우리 주변의 이웃들을 내 몸과 같이 사랑하려는 일상의 변화가 일어날 것이다. 그 변화가 바로 고난주간에 예수님이 바라시는 건강한 묵상이다.

손에는 성경을 들고 우리 눈은 세상을 바라보고 있어야 한다. 우리 몸은 세상 속에서 살아가는 이웃들과 함께 있어야 한다. 나는 종려주일을 맞아 고난주간을 선포하면서 성도들에게 이렇게 설교했다.

"고난주간에 금식한다고 가족도 이웃도 돌보지 않고 매일 교회와서 기도하지 마세요. 예수님이 우리 죄를 위해 고난당하시며 사랑을 확증하신 것을 묵상하며 주변 사람들에게 사랑을 전하는 사람들이 되시기를 축복합니다."

물론 금식하고 기도하고 예배해야 하는 것은 맞다. 단, 사랑의 열매를 가지고 해야 한다. 그렇게 예배했다면 사랑하러 가자. 사랑 없는 예배가 되지 않도록 지금이라도 내 주변을 돌아보자.

누구를 위한 비전인가?

극단적으로 화려한 비전에 극단적으로 몰입한 리더를 조심해야 한다. 하나님 나라를 위한 비전은 언제나 우리 마음을 뜨겁게 한다. 세계와 열방으로 복음과 예배가 흘러가는 비전들, 외부로 선포되는 이런 비전들은 현재 사역을 정당화한다. 그러나 정작 나에게 주어진 말씀, 내가 하나님을 알아가고 변화하도록 허락된 말씀, 내부로 선포되는 말씀에는 관심이 없는 경우가 많다.

리더는 비전을 제시하는 역할을 한다. 그러나 비전 자체가 신앙의 최종 목적이 되면 안 된다. 만약 그렇다면 자신을 위한 비전으로 변질될 가능성이 크다. 이런 리더들은 거룩한 명분을 앞세우고 헌신을 요구한다. 처음에는 그 비전을 위한 여러 행사를 만들고 많은 사역자를 강단에 세우고 그들과 관계를 맺고 마음을 얻는다. 그러는 가운데 힘을 가진 사람들을 만나게 되고 그 힘이 생기면 그동안 헌신한 사람 중에 도움이 안 된다고 생각하는 사람을 무례하게 대한다. 이런 공동체는 대부분 리더의 가스라이팅이 깊이 스며들어 있다. 끊임없이 외부를 비판하고 세상을 악으로 규정한다. 자신들과 같은 비전을 품지 못하는 교회와 목회자들을 타락했다며 비난한다. 리더가 비난하면 모두 반응해야만 하는 구조다. 그렇게 자신의 비전에 대한 가치를 내세운다.

공동체는 리더가 좋아하는 사람과 아닌 사람으로 구분되며, 리더의 마음에 들기 위한 경쟁이 치열하여 내부 다툼이 많다. 재정 사용도 투명하지 못하다. 헌신을 강조하지만 주변 사람들은 늘 배고프다. 하나같이 연합을 강조하지만 연합을 위한 겸손이 없다. 아무도 리더에게 직언하지 못한다. 단순한 조언에도 마음이 상할 것이고 직언은 반역이 될 것이 뻔히 보이기 때문이다. 결국 자기 왕국을 만드는 작업이다. 이런 사람은 대부분 특별한 재능이 하나쯤은 있다. 아마 엘리트로 인정받아 왔거나 어릴 때부터 부족함 없이 가지고 싶은 것을 모두 가져왔을지도 모른다. 그 성향이 변하지 않은 채 사역의 길에 들어섰을 것이다. 결국 이 문제도 리더의 무너진 정서가 만들어낸 결과물이다.

이런 리더들의 가장 큰 문제는 성경을 연구하지 않고 가르치지 않는 것이다. 또는 자기 신학의 완전함을 강조하며 자기의 가르침

외에는 듣지 못하도록 차단한다. 이런 경우, 하나같이 질문을 싫어한다는 공통점이 있다. 구약 성경 이스라엘 왕들 이야기를 보면, 북이스라엘 여로보암을 찾아왔던 유다의 선지자가 있다. 그는 하나님께 말씀을 받아 왕 앞에서 예언했다. 예언할 때 제단에서 재가 뿌려졌다. 왕의 손이 말라버렸다. 놀라운 기적과 은혜가 있는 대단한 선지자였다. 그러나 정작 물과 떡을 먹지 말라는 자신을 향한 하나님의 말씀에는 불순종했다. 그는 거리에서 여호와의 사자에게 죽임을 당한다. 이런 사람들이 화려한 비전에 쉽게 노출되지만 말씀을 품지 못하는 사람이다.

반면, 사르밧 과부는 자신에게 주어진 말씀에 순종하며 엘리야를 섬겼다. 기억하자. 화려한 비전이 아닌, 나 자신에게 주어진 말씀에 귀를 기울이고 순종해야 한다. 비전은 가지는 것이 아니다. 내 안에 말씀이 살아있고 은혜가 충만하면 어느덧 비전은 내 삶에서 이루어지고 있을 것이다.

3부
미래형 리더십

5장

시대별 리더십의
유형 분석

지금까지 리더십의 문제 유형을 살펴보았다. 이제는 시대별로 어떤 리더십이 요구되었는지 살펴보자. 미래형 리더십을 말하기 위해서는 먼저 과거형과 현재형, 이 두 가지 리더십에 대한 분석이 필요하다. 이 분석 자료를 근거하여 지금부터 이 시대 한국교회에 요구되는 리더십을 살펴볼 것이다.

구분	탑 리더	서브리더	비고
과거	천재적 재능인	준 천재적 재능인	권위적 체제
현재	행정적 재능인	천재적 재능인	행정적 체제
미래	관계적 재능인	행정적 재능인	관계/소통/공감 체제

과거형 리더십

인류 역사를 보면 가난하고 어려울 때일수록 사람들은 강한 카리스마를 가진 리더를 찾았다. 리더가 먹고사는 문제를 빨리 해결해 주기를 원했다. 우리나라는 한국전쟁 이후 가난에서 벗어나는 것이 삶의 목표였다. 그 결과 '한강의 기적'이라는 별명이 붙을 정도로 발전했다. 이 과정에서 천재형 리더들이 나타났다.

과거형 리더십은 과거 우리나라에서 성공한 기업의 CEO를 모델로 한 리더십이다. 당시 한국 기업을 대표하던 현대 정주영 회장과 삼성 이병철 회장 등 국내 대기업 총수들이 바로 천재형 리더의 롤모델이다. 그들은 천재적인 기업 운영 능력을 보여 주었다. 가정보다 회사가 먼저였던 헌신과 모험, 도전 정신을 보여 준 상징적인 인물들이다. 세상은 그들을 천재라 칭했고, 이런 분위기는 고스란히 기업이 직원을 채용할 때 가장 큰 기준이 되었다. 그렇게 세상은 또 다른 천재를 찾아 나섰다.

한국의 교육은 이런 기준에 합당한 천재형 인재 양성을 목표로 삼았다. 당연히 1등을 위한 경쟁을 요구했고 승리자 한 사람이 세상을 주도한다는 비전이 심어졌다. 당시 형성된 강남 8학군은 우리나라 입시 제도가 얼마나 엘리트 중심인지를 상징적으로 보여준다. 사람들은 성공한 기업의 리더를 닮기 위해, 1등의 삶을 살기 위해 경쟁했다.

교회 공동체에서도 이 리더십 스타일을 발 빠르게 적용했다. 교회는 기업 총수 즉, 탑 리더가 가진 절대적 결정권과 권위적 조직구조에 관심을 가졌다. 당시 한국교회는 공동체 조직 면에서 많은 실패를 거듭하고 있었다. 한국교회는 초대교회 직분제도를 바르게 적용하기 위하여 노력했다.

그러나 직분자들로 인해 교회가 분란이 일어나 교회 내 다툼이 잦았다. 이는 직분자 선정에 성경이 아닌 은사와 공로 등 교회의 주관적인 기준을 적용하였기 때문이다. 그로 인해 한국교회는 수많은 내홍을 겪었고 공동체 안정을 위한 대안이 필요했다. 교회는 기업들이 양적으로 승승장구하는 모습을 지켜보며 부러워했다. 그리고 신앙의 축복에 세상의 물질적인 성공이 따라올 것이라

외쳤다. 자연스레 기업의 탑 리더들은 축복의 상징이 되었고 교회는 그들의 경영 마인드를 배우기 시작했다. 기업의 리더들에게서 강력한 카리스마와 권위를 먼저 보았고 닮고 싶어 했다. 무엇보다 탑 리더가 혼자 모든 것을 결정하는 의사결정권의 독점이 교회 내 수많은 문제를 해결해 주리라 기대했다.

교회가 나름 분석하며 내린 결론은 탑 리더들의 헌신이었다. 가정을 버렸다고 생각될 만큼 오직 기업을 위해 헌신한 기업가들의 노력이 강조되었다. 목회자들은 이런 모습을 닮고 싶어 했다. 그들은 가정보다 교회를 위한 헌신에 집중했고, 당연히 교회 공동체 내에서 가정에 소홀하는 분위기가 만들어졌다. 당시 목회자나 성도들의 간증은 교회를 향한 열심을 드러내는 내용이 대부분이었다. "나는 가정보다 교회를 더 사랑했다"라는 식의 간증이 뜨거운 호응을 얻었다.

이렇게 교회와 세상은 같은 목적과 비전을 품게 되었다. 동시에 교회도 같은 시대를 지나며 영적 리더십이 탁월하고 교회 사이즈를 키울 수 있는 목회자를 찾았다. 마치 기업이 회사를 키워 대기업으로 만들 리더를 찾듯이, 교회도 대형교회를 만들 목회자를 찾은 것이다. 이 시기에 발달한 교회 운영 프로그램들이 대부분 전도와 부흥에 관련된 것이었다는 점이 과거형 리더십을 상징적으로 설명해 준다.

과거형 리더의 서브 리더

　그렇다면 과거 천재형 탑 리더는 서브 리더를 어떤 사람으로 세웠을까? 과거에는 모두 1등과 천재가 되고 싶어 했다. 올림픽에서도 금메달이 아니면 환호하지 않았다. 공동체에서도 오직 탑 리더만이 진정한 리더였다. 서브 리더의 정체성이 제대로 인식되지 못했다. 따라서 과거 서브 리더는 리더의 정체성보다는 탑 리더를 보조하는 비서와 같은 정체성이 강했다. 탑 리더를 스승으로 삼고 가르침을 받아 자신이 탑 리더처럼 성장하기를 원했다. 따라서 탑 리더는 그 가능성이 있는 사람을 서브 리더로 세웠다. 자연스레 천재형 탑 리더와 준 천재형 서브 리더 구조가 되었다. 기업에서 이런 구조는 아주 자연스럽다. 당연히 1등이 탑 리더이고 2등이 서브 리더다.

　기업이 아닌 사회 공동체, 교회 공동체에서는 문제가 달라진다. 특히 종교와 예술 분야에서의 서브 리더는 일명 '열정 페이'라는 명목으로 부당한 대우를 받는 경우들이 많았다. 수입은 적어도 1등에게 일을 배우는 것이 더 큰 가치가 있다는 명분이다. 그래서 생긴 현상이 일명 '열정 페이'였다. 이 열정 페이는 한동안 젊은 청년들이 꿈을 이루기 위해 당연히 가져야 할 마인드로 여겨졌다. 천재를 닮고 배우기 위해 시간과 인생을 투자하는 것을 당연하다 생각했다. 그 수고에 대한 정당한 대가를 받지 못했지만 배우는 시간이야말로 더 고차원적인 대가라고 생각했다.

교회는 이를 어떻게 적용했을까? 담임목회자는 탑 리더로서 교회를 대형교회로 부흥시키는 역할을 요구받았다. 수많은 목회자가 모든 영역에서 기업의 CEO들처럼 성공의 업적을 만들어내야만 했고, 교회는 다른 교회와 끊임없이 성장의 결과를 가지고 경쟁했다. 한국교회 목회자들은 너도나도 미국으로 달려가 대형교회를 모델로 삼아 벤치마킹을 했다. 이 과정에서 가정도 버릴 만큼의 헌신은 당연했다. 이로 인해 과거 목회자 자녀들이 얼마나 많은 상처를 받고 부모를 원망하며 신앙을 떠났는지 모른다.

교회의 서브 리더는 부교역자였다. 이들에게 마찬가지로 '열정페이' 개념이 적용되었다. 일부 교회는 부교역자 사례를 비상식적으로 적게 지급했다. 헌신이 더 중요하다는 의미였다. 목회자들은 일 중독이 되었고 자신의 정서를 돌볼 여유를 가지지 못했다. 이 문제는 시간이 흐르면서 예상치 못한 새로운 요구에 맞닥뜨리게 된다. 탑 리더에게 헌신보다 더 중요한 요청이 생겼는데, 바로 법과 행정에 대한 정직한 운영이다. 세상은 1세대 리더들이 양적 성장에 큰 공을 세운 것을 인정하지만 그 과정에서 나타난 수많은 비리와 불법, 부정한 재정 사용, 권력을 남용한 결정, 심지어 가정이 무너지면서 생겨난 사생활 문제에 이르기까지 많은 실망을 했다. 사회는 정직하지 못한 리더를 거부했다. 아무리 큰 결과를 얻었어도 개인의 정직이 무너지면 큰 지탄을 받고 물러나야 했다. 대통령이라도 자신의 책임을 다하지 못했다는 이유로 탄핵당하는 헌정 사상 초유의 사태가 벌어지기도 했다. 이렇듯 지금의 젊은 세대는 목회자의 카리스마, 헌신에 따른 양적 성장보다는 정직한 사생활과 투명한 교회 운영을 요구한다.

한국교회가 이런 문제 속에서도 부흥의 열매를 맺은 것은 과연 어떤 이유였을까? 앞서 비판한 내용은 분명 우리의 현실이었다. 하지만 반대로 바알에 무릎을 꿇지 않은 칠천의 용사들과 기드온의 삼백 용사는 항상 있었다. 자신의 삶을 교회를 위해 평생 헌신하고 수많은 성도에게 본이 된 의로운 리더들 말이다.

아쉬운 점은 한국교회 안에 이런 훌륭한 리더들이 계속 이어져 왔고 사람들에게 존경받았지만, 어느 순간부터 교회의 많은 문제점이 드러나며 존경받는 리더들이 이슈에서 사라지고 있다. 한경직 목사, 주기철 목사, 옥한흠 목사와 같이 시대적으로 존경받은 분들이 있었고, 분명히 지금도 이곳저곳에 훌륭한 리더들이 있다. 하나님은 이런 리더들을 통해 한국교회를 이끌어 오신 것은 분명하다.

20년 전, 내가 한 교회에 전도사로 부임했을 때의 일이다. 나는 당시 담임목사님을 존경하지 못했다. 그의 설교는 언제나 비슷하고 반복되는 내용이었다. 성경의 해석보다는 노인의 잔소리 같이 들렸다. 교회에는 젊은이들이 별로 없었고 연세 지긋한 어른들이 대부분이었다. 이러한 점들이 젊은 사역자인 나에게 그를 존경하지 못하는 이유가 되었다.

하지만 불과 몇 달 만에 내 생각은 달라졌다. 새벽 3시부터 교회에 나와 기도하며 한 주간 거룩함을 지키려 애쓰는 그의 일상을 옆에서 지켜보았기 때문이다. 그때 비로소 깨달았다. 목회자를 판단하는 문제는 정말 조심스럽고 또 어렵다는 것을 말이다. 내가 얼마나 많은 선배 목회자를 쉽게 판단하고 정죄하고 있었는지 깨닫는 계기가 되었다.

비판은 진리를 품은 채 쏟아져야 한다. 한국교회 문제를 논하는 것도 마찬가지다. 문제를 쏟아내는 만큼 본이 되는 참된 교회와 목회자들도 볼 수 있어야 한다. 문제만 보는 사람은 결코 대안을 제시할 수 없다. 본이 무엇인지, 모델이 무엇인지 볼 수 있어야만 대안을 말할 수 있기 때문이다.

하지만 안타깝게도 한국교회에 긍정적인 모델들이 많았음에도 불구하고 부정적인 이슈들이 교회 전체 이미지를 결정해 버렸다. 과거형 리더라고 다 실패한 리더 유형이라고 볼 수 없다. 단지 시대가 변하면서 또 다른 유형의 리더가 요구되었을 뿐이다.

현재형 리더십

과거형 리더십이 공동체를 대형화시키는 데 큰 업적을 세웠다면, 현재형 리더십은 대형 공동체가 많아지면서 요구된 리더십이다. 현재형 리더십의 본질은 공동체의 안정이다. 어떤 개혁적 변화를 요구하기보다 공동체 안에서 일어나는 문제를 해결하고 안정시키는 것이 목적이다. 공동체가 커지면 조직도 전문화하고 책임과 권한의 분배부터 커뮤니케이션까지 세분화해야 한다. 여기에는 전문성을 가진 사람이 필요하다. 그렇지 않으면 법적 문제, 윤리 문제, 소통과 관계 문제가 발생한다. 이러한 문제들은 공동체에 큰 위협을 준다.

실제로 과거형 리더십이 이끈 공동체는 부흥하고 성장했지만 뒤늦게 이런 문제로 인해 큰 리스크가 발생하고 있다. 이에 기업들은 인사, 재정, 총무 등 기업의 대외적 비즈니스 활동과는 별개로 내부 운영을 위한 필수 부서를 만들어 운영한다. 심지어 기업의 재정을 더욱 효과적으로 운영하기 위해 내부에 자체 감사팀을 운영하기도 하고, 외부의 전문 재정 컨설팅 기업을 활용하기도 한다. 다행히 많은 교회들이 공동체가 커지면서 그 필요성을 일찍 인지했다. 탑 리더 목회자는 설교를 통해 성도들을 대그룹으로 만나고 서브 리더인 부교역자들이 각 가정을 심방하고 행정을 운영한다. 교회 헌법에도 교회 재정 운영은 장로와 집사들이 참여해야 한다고 구체적으로 명시되어 있다. 일부 교회는 전문적인 운영을 위해 재무 설계와 감사를 외부 기업에 의뢰하고, 전문적 행정 운영을 위해 직원 제도를 도입했다. 이제는 커진 공동체를 안정시키고 내부 운영을 위한 전문 인력을 세우고 있다.

공동체 확장 이후에 유지를 도모하는 것은 당연하다. 이제는 탑 리더 역할만 강조되는 것이 아니라 서브 리더 역할이 함께 강조된다. 이를 위해 서브 리더는 분야별 전문 인력들로 배치된다. 이로써 공동체 전체를 이끌며 확장을 위한 방향을 추구하는 탑 리더와 공동체 내부의 전문적인 운영을 추구하는 서브 리더 간 관계가 중요해졌다. 이처럼 과거 리더십에서 현재 리더십으로 넘어오는 가장 중요한 포인트는 전문성이다.

또 하나 중요한 점은 공동체의 성향에 잘 맞는 리더다. 전문성을 갖추면서도 기존 공동체 틀을 잘 유지할 수 있는 사람이다. 변화와 개혁은 미래의 일이다. 그렇다면 현재형 리더는 어떤 정서를 요청받는가? 안정감이다. 특별히 공동체에 문제가 되지 않는 정서여야 한다. 더 나아가 공동체가 그를 볼 때 느끼는 정서가 안정감이어야 한다.

전문성을 가진 리더를 찾으면서 자연스레 젊은 리더들이 세워졌다. 최근 역사와 전통이 있는 대형교회들이 1세대 목회자의 후임으로 젊은 목회자를 세우는 추세다. 평균 연령이 40대 초중반이며, 30대 젊은 목회자도 많이 세워지고 있다. 이들은 상당수가 해외 유학을 통해 박사 학위를 가지고 있을 뿐 아니라 다양한 분야에서 전문성을 가지고 있다. 더욱이 기존 운영 방식을 따르면서도 현대의 빠른 변화에 잘 적응하여 안정감 있는 공동체 운영에 능숙하다.

두 가지 염려

그렇다면 현재형 리더십의 문제는 무엇일까? 두 가지가 있다. 첫 번째는 현재형 리더의 정서 문제다. 젊은 나이에는 안정된 정서를 유지하기가 쉽지 않다. 30대의 젊은 목회자가 60대 이상 어른들이 많은 교회의 리더가 되면서 어른 노릇을 해야 하는 상황도 벌어진다. 젊은 세대 특유의 과감한 도전과 변화를 추구하고자 하는 성향이 있지만, 교회의 요청은 어디까지나 안정이기 때문에 자신을 억제하며 리더십을 수행하게 된다.

현재형 리더십의 문제를 가장 효과적으로 보여 주는 좋은 예가 있다. 바로 기업들이 흔히 하는 압박 면접이다. 압박 면접은 심사위원들이 면접자가 답변하기 힘든 질문을 주어 그가 얼마나 인내하고 견뎌내는지를 살펴보는 심사 방식이다. 예를 들면, 아래와 같은 질문들이다.

"다른 지원자들에 비해 스펙이 부족한 것 같네요?"

"회사에 일이 생겨서 휴가를 취소해야 한다면 어떻게 하시겠어요?"

심지어 의도를 가지고 면접자의 존재적 가치와 능력의 가치를 무시하기도 한다. 면접자는 비인격적인 말을 듣고 기분이 나빠지겠지만 그가 모욕을 참아내고 지혜롭게 잘 대처하는지를 심사하는 것이다.

이런 면접 방식의 부작용도 있다. 심리 전문가들은 이런 방식의 면접에서 살아남는 사람 중 '소시오패스'(Sociopath)가 많을 수 있다고 지적한다. 그럼에도 불구하고 이런 면접 방식이 생겨난 이유는 무엇일까? 바로 기존의 기업 조직에 얼마나 잘 적응할 수 있는지를 파악하기 위해서다. 변화와 개혁의 성향이 크거나, 혹은 개인 성향이 강해서 기존 조직에 큰 부담을 주는 경우가 생기는 것을 방지하고자 함이다.

이처럼 현재형 리더십은 자신의 독특한 성향을 감추고 기존 공동체 분위기에 잘 적응해야 한다. 또한 변화보다 안정감 있는 운영을 해야 한다. 이런 리더십을 찾는 방법으로 유행한 것이 바로 탑 리더 목회자와 잘 맞는 목회자를 청빙하는 것이다. 현상 유지가 목적인 만큼 현재 리더인 담임목회자와 최대한 비슷한 사람을 찾는다. 이를 누구보다 가장 잘할 수 있는 사람은 담임목회자 자신이다. 그래서 직접 찾기도 하고, 오랫동안 서브 리더로 동역해 온 목회자를 담임목회자로 청빙하기도 한다. 몇 년간 현재 담임목회자와 동사(同事) 목회자로 일하고 난 후에 청빙하기도 한다. 그러면 대부분 과거형 리더십에서 서브 리더로 세워졌던 사람이 가장 적합한 후보가 된다. 이런 방식은 교회의 모든 공동체에 적용되었다. 큰 문제가 아니라면 현재 방식에 찬성하고 동의하는 사람 중에서 다음 리더를 찾았다.

그렇다면 서브 리더는 어떤 사람들이 세워지고 있는가? 탑 리더가 전문성을 가진 만큼 서브 리더의 역할까지 모두 수행하는 경우가 많다. 교회 공동체에서는 노련한 장로들이 그 역할을 감당한다. 어떻게 보면 아주 이상적인 그림이다. 그리고 오늘날 한국교회는 이상적 공동체에 도전하고 있다.

두 번째 문제는 현재형 리더십의 관계와 소통 능력이다. 현재 젊은 리더들은 어른 세대와 MZ 세대라는 양극단의 공동체 사이에서 관계를 맺고 소통해야 한다. 어른 세대와는 여전히 과거형 리더십의 단점을 보완한 안정된 정서와 운영으로 소통해야 한다. 그러나 MZ 세대와의 소통은 다르다. 이 세대는 일보다 관계가 중요하다. 공감과 소통을 중요시하고 토론과 대화 없이 일방적으로 결정하는 방식에 반감을 가진다.

소통에는 크게 두 가지 요소가 있다. 바로 공감과 경청이다. 그들은 어떤 것에 공감하고 경청하는가? 새로운 변화와 도전, 그리고 풍부한 감성을 자극하는 소통이 있어야 한다. 심지어 그들은 우울함마저도 즐기는 측면이 있다. 어른들은 찬양도 우울한 감성으로 하는 그들이 이상하게 보인다. 이때 리더는 양극단의 두 세대 사이에서 양쪽을 모두 품는 리더십을 보여야 한다. 앞으로 10년 내 MZ 세대가 시대의 허리가 되고 교회의 중심 세대가 된다. 벌써부터 미래형 리더십이 준비되어야 하고 강력하게 요청받는 이유가 여기에 있다.

미래형 리더십

앞서 언급한 바와 같이 현재형 리더십은 오래된 공동체의 안정적 유지를 위한 선택이었다. 그러나 이 현재형 리더십의 공동체 유지가 중요함에도 다음세대인 MZ 세대가 현재 공동체의 중심 세대와 너무 다르다는 점, 그리고 그들이 곧 중심 세대가 된다는 현실, 기존의 중심 세대조차 정서적 문제가 불거지고 있다는 점에 근거하여 조금 더 미래 지향적인 리더십이 요청되고 있다.

이처럼 기존 공동체의 문제가 공론화되는 일부 문제도 있지만, 그보다 시대의 변화 앞에 새로운 방향을 모색하는 분위기가 많아진 것이 더 큰 요인이다. 무엇보다 정서가 무너진 세대를 이끌기 위한 대안이 요청되고 있다. 이런 요청은 현재형 리더들 스스로도 공감하고 있다. 공동체 구성원이 기존 1세대 어른들 중심이라면 큰 문제가 없겠지만, 젊은 세대가 중심이라면 리더는 계속 요청되는 새로운 변화에 빨리 적응해야 한다. 이런 젊은 세대의 고민을 어디에서 찾아볼 수 있을까?

최근 교회 공동체에 큰 변화의 바람이 불고 있다. 젊은 목회자들이 대형교회를 떠나, 작지만 미래 지향적 공동체를 만들기 위해 교회를 개척하고 있다. 대한예수교장로회 합신 총회에서 발표한 연도별 교단 총계에 따르면 2010년부터 2020년까지 교회 수는 증가했지만 교인 수는 줄었음을 알 수 있다.

연도	교회 수	교인 수
2010	852	총 156,508명
2011	872	총 153,361명
2012	883	총 154,709명
2013	896	총 152,316명
2014	899	총 149,969명
2015	905	총 147,256명
2016	924	총 151,516명
2017	948	총 151,742명
2018	958	총 146,898명
2019	961	총 143,721명
2020	972	총 138,968명

[출처: 합신 총회 홈페이지]

개척 교회 수가 많아졌기 때문이라는 분석이다. 작은 규모의 공동체가 가진 특징을 활용하기 위해서다. 무엇보다도 작은 공동체는 소통에 집중할 수 있다. 이는 곧 성도들이 겪는 정서의 문제를 해결하는 아주 좋은 대안이 되리라 기대하고 있다.

반면에 대형 공동체 중에도 이런 변화의 바람에 적극적으로 대안을 찾는 경우가 있다. 대표적으로 오륜교회(김은호 목사)는 어른 세대와 젊은 세대 간 양극화를 여러 가지로 해결하고 있다. 한 예로 다음세대를 위한 대안 학교 '꿈이 있는 미래(꿈미)'를 운영한다. 교회가 교육의 전문가가 되어 아이들을 만난다는 설정이다. 이는 크리스천 부모들의 공감을 얻어내기에 충분하다.

전문화된 교육은 아이들과의 인격적인 소통을 전제로 한다. 이 과정에서 신앙 유산이 풍성하게 전달되고 아이들에게 필수적인 정서적 안정감도 주게 된다. 이런 신앙에 기반을 둔 전문 교육은 다음세대와 소통하고 그들을 이해하는 데 효과적일 뿐 아니라, 아이들을 미래의 교회 리더로 세워가는 중요한 통로가 될 것이다.

다른 한편에서는 공감과 소통을 위해 조금 더 작은 공동체로 이동하는 현상도 생기고 있다. 특히 코로나 팬데믹 시대에 이런 현상이 가속화되었다. 온라인을 통해 예배하게 되면서 자연스럽게 겉으로 보이는 이미지보다 전달되는 내용에 더 집중하게 되었다. 여기에서 공감과 소통의 문제가 생겼다. 공감과 소통에 한계를 가진 공동체 구성원들은 하나둘 다른 공동체의 온라인 소통에 관심을 가지기 시작했다. 유튜브를 통한 예배 노출이 그들에게 기존에 경험하지 못한 공동체를 비교할 수 있는 통로가 된 셈이다. 실제로 대형 공동체를 떠나 공감과 소통에 만족을 주는 작은 공동체로 이동하는 현상이 급격히 늘고 있다.

안정과 헌신의 새로운 의미

이제 '안정적'이라는 말의 의미도 달라졌다. 과거에는 리더의 카리스마와 권위를 바라보며 안정감을 누렸다면, 지금은 공동체 운영을 위한 전문 경영 능력, 다시 말해 직원 관리, 교육 및 양육 프로그램의 기획 실행, 재정 운영 등을 통한 안정감을 누린다. 하지만 미래는 또 달라질 것이다. 새로운 변화를 위한 리더의 소통, 공감, 청취 능력을 바라보며 안정감을 느끼게 될 것이다. 그것이 정서 문제와 연결되어 좋은 대안이 될 것이다.

사람들은 누구나 자기 마음을 정서적으로 공감해 주는 리더와 소통하고 싶어 한다. 교회 행정과 재정의 운영이 투명하길 원하기 때문에 맡겨만 두는 것이 아니라 자신도 확인하고 싶어 한다. 그리고 기존 카리스마와 권위는 이런 요소들을 방해한다고 생각한다.

'헌신'에 대한 의미도 달라졌다. 과거에는 리더가 가정보다 교회를 더 위하는 모습을 보여 주길 원했다. 목회자 자녀들이 돈이 없어 학원을 다니지 못하거나 생활비가 없어 끼니를 걱정하던 시절에도 목회자들은 교회를 먼저 살폈다. 성도들은 그런 목회자를 개인적으로 돕기도 했다. 그러나 지금은 가난과 상처로 얼룩진 목회자 가정을 보고 싶어 하지 않는다. 목회자가 자기 가정을 살피며 성도들에게 삶의 본을 보여 주길 원한다. 목회자의 삶이 전반적으로 투명하고 정직하며 행복한 삶을 살면서 성도들을 그런 삶으로 인도해달라는 요청이다. 자기 의견을 잘 표현하지 못하고 소통에 수동적인 리더십은 더는 설 자리가 없다.

미래형 리더십은 독단적인 변화와 개혁이 아니라 대중의 마음을 알고 공감하며 그들의 요구에 맞도록 변화를 일으키는 사람이다. 나아가 대중의 마음을 선도하는 능력을 요구받는다. 유행을 따라가는 사람이 아닌 유행을 이끄는 사람이다. 특히 MZ 세대 성도들은 기존 세대와는 다르게 리더에게 사회성, 관계성을 가장 우선으로 요청한다. 과거에는 기적과 은사에 대한 능력치를 요구하는 성도들이 많았다면 현재는 공동체에 대한 안정적 운영과 건강한 정서의 소유자를 요구한다. 미래에는 공동체와 공감 및 소통을 잘할 수 있는 리더를 요구할 것이다.

리더에게 사회성과 관계성이 없다면 어떻게 될까? 물론 대형 공동체는 과거형 리더십과 현재형 리더십 둘 중 어느 경우라도 가능할 것이다. 왜냐하면 세분화된 조직으로 이미 자체 운영이 가능하기 때문이다. 공동체 개척자 정도의 권위가 아니고서는 새로운 리더에 대한 의존성이 현저하게 낮을 수밖에 없다. 그러나 자체적으로 운영되지 못하는 중소형 공동체라면 미래형 리더에 대한 요구가 더욱 거세질 것이다. 중소형 공동체는 탑 리더에 대한 의존성이 절대적이기 때문이다. 그렇기에 관계와 소통이 운영의 절대적인 분량을 차지한다.

6장

미래형 리더의 준비물

리더는 공동체를 건강하게 이끌어 가야 할 책임이 있는 사람이다. 그렇다면 리더의 조건은 무엇인가? 이 질문에 어떤 답을 찾는가에 따라 공동체의 미래가 결정된다. 이 장에서는 리더의 필수 준비 사항으로 두 가지, 곧 '기능의 전문성'과 '신앙의 기본'을 살펴보겠다. 앞서 시대별 리더 유형을 분석했지만 모든 시대와 리더의 유형을 초월하여 이 두 가지는 신앙 공동체의 리더로서 갖추어야 할 가장 기본적 조건이다. 만약 이 기초가 준비되지 않는다면 앞으로 제시할 전문적인 리더십 트레이닝을 적용하기 어렵다. 반대로 이 두 가지를 잘 적용한다면 미래형 리더로 발전하기 위한 첫 번째 관문을 통과하는 셈이다. 나아가 공동체에서 지금 당장 이 원리들을 적용하기 시작한다면 더는 현 상황에 만족하며 발전이 멈춘 공동체가 아니라 시간이 갈수록 성장하는 멋진 공동체가 될 것이다.

기능의 전문성

첫 번째는 기능적 헌신의 원리다. 모든 공동체는 각각 기능이 있다. 기업은 전문 분야별 비즈니스 기능이 있고, 교회는 예배라는 기능이 있다. 소그룹도 기도, 찬양, 전도, 성경 공부와 같은 기능들이 있다.

리더는 자신이 속한 공동체의 핵심 기능이 잘 운영되도록 최전

선에서 헌신해야 한다. 이 헌신은 과거형 리더십이 가진 가장 큰 장점이었다. 시대와 상황을 초월하여 이 헌신은 가장 기본적인 헌신이다. 예를 들어, 찬양팀은 정해진 시간에 모여 연습을 한다. 모든 팀원이 다 제시간에 왔는데 리더가 연습에 늦거나 불참한다면 팀원들은 리더를 신뢰하지 않을 것이다. 어떤 공동체라도 리더가 기본적인 헌신을 잃을 때 가장 많은 신뢰를 잃게 된다.

교회 안에서 활동하는 다양한 공동체는 대부분 봉사를 위해 모인다. 각각의 구성원들은 삶을 영위하기 위한 직업을 가지고 대부분의 시간에 경제 활동을 하면서, 공동체를 위해 따로 시간을 내고 대가 없는 헌신을 한다. 기업이라면 노동에 대한 대가를 지불한다. 기업 CEO가 직원과 같은 시간 일하지 않는다고 해서 리더십에 타격을 입을 일은 없다. 그는 리더로서 해야 하는 크고 중요한 결정과 그에 따른 책임을 지기 때문이다. 인사팀 팀장이 일반 사원보다 일을 더 오래 하지 않는다고 해서 타격을 입지는 않는다. 팀장으로서의 업무와 일반 사원으로서의 업무가 구분되어 있기 때문이다. 이처럼 세상에서는 서로가 각자 업무를 하고 그에 걸맞는 책임을 진다.

그러나 기업이 아닌 봉사를 위해 모이는 공동체, 특히 교회는 그렇지 않다. 리더가 먼저 해당 공동체가 가진 기능에 대해 최우선으로 헌신해야 한다. 공동체에 문제가 생기면 가장 먼저 나서서 해결해야 한다. 리더가 직접 나서지 않고 지시하고 맡기기만 한다면 그는 신뢰를 크게 잃을 것이다. 구성원들은 리더를 향해 권위적이고 게으르며 무책임하다고 비난할 것이다. 물론 리더가 아닌 평신도라면 다른 팀원들처럼 별도의 시간을 내어 헌신하는 사람일 것이다. 중요한 점은 그러함에도 리더라는 역할이 동일한 헌신을 요구한다는 사실이다.

이는 공동체가 하나 되기 위한 우선순위의 문제로 연결된다. 공동체가 하나 되기 위해서는 모든 구성원이 동일한 우선순위에 합의해야 한다. 각자 우선순위가 다르다면 어떤 결정을 할 때 합의를 이루어 내기 어렵다. 교회학교 교사들이 모인 경우를 생각해 보자. 어느 교사는 직장이 우선이고 교회 성가대가 차선이며 교사회는 세 번째로 생각한다. 그러나 어떤 교사는 교사가 최우선이다. 이렇게 각자 다른 우선순위로 모인다면 과연 함께 모이는 시간을 정할 때 합의할 수 있을까? 반대로 모두가 교사를 가장 우선으로 생각한다면 합의는 속전속결로 이루어질 것이다.

봉사의 목적으로 모인 공동체는 이런 구속력과 중앙의 권위가 없다. 따라서 우선순위를 미리 합의함으로 단합과 결속을 할 수 있다. 이를 위해 리더는 자신이 속한 공동체 기능에 가장 많은 헌신을 해야 한다. 리더라는 권위만으로 구성원들보다 헌신하지 않아도 된다는 안일한 생각은 버려야 한다.

반대로 리더가 기능의 헌신을 다하지 못할 때를 생각해 보자. 찬양팀 리더의 기본 기능은 바로 음악성이다. 찬양에 전문성을 가진 팀일수록 음악에 전문성을 가진 리더가 세워질 것이다. 노래를 잘한다거나 악기를 잘 연주한다거나 아니면 음악에 대한 최소한의 지식이 있는 사람이 세워질 것이다.

조금 더 다양한 경우를 생각해 보자.

"우리 리더는 음치지만 성품이 좋아."

"우리 리더는 노래를 못하지만 기도를 많이 해."

"우리 리더는 고음불가지만 카리스마가 있어."

"우리 리더는 기타를 잘 치진 못하지만 연주하는 걸 좋아해."

이와 같은 이유로 리더를 세운다면 과연 팀원들이 잘 따를 수 있겠는가? 이런 경우에는 은혜만 있으면 다가 아니다. 기능을 목적으로 모인 공동체일수록 은혜는 기능 안에 담겨야 한다. 기능은 기본이고 은혜는 의무다. 그런 점에서 이 둘을 떼어놓고 말할 수 없다.

●● 기본적인 자기 신앙

두 번째는 신앙적 헌신의 원리다. 교회 공동체는 신앙 공동체다. 우리가 모이는 목적은 기승전(起承轉) 신앙이다. 다른 기능이 있더라도 결국 신앙을 위한 목적의 기능이다. 음악으로 찬양하는 찬양팀도 신앙을 위한 기능팀이고, 아이들을 교육하는 교사들도 신앙 교육을 위한 기능팀이다. 식당 봉사팀도 신앙적 섬김을 위한 기능팀이다. 그렇다면 당연히 신앙의 본이 되는 사람이 리더가 되어야 한다.

성경에서 리더를 세울 때 단 한 번도 신앙을 떠나 세우지 않았다. 당연한 것이지만 처음 온 신자에게 리더를 맡길 수 없다. 이미 교회에 정착해서 많은 사람에게 신뢰를 얻은 사람을 세운다. 문제는 이 당연함이 지켜지지 않는 경우가 많다는 사실이다. 신앙을 생각하기보다 관계로 세워질 때가 있다. 교회의 결정권을 가진 리더와 친하다는 이유로, 어떤 기능에 대해 전문적인 재능을 가졌다는 이유로, 심지어 나이가 많다는 이유로 리더로 세워지는 경우가 있다.

과거에 나는 전문적인 음악성을 가지고 초교파 사역을 하는 찬양팀을 총괄한 적이 있다. 한번은 팀장을 모집한다는 공고를 냈다. 서류 심사에서 내 관심을 끈 지원자가 있었다. 자기 소개서에 나열된 그의 화려한 경력은 나의 눈길을 끌기에 충분했다. 나는 그와의 면접 자리에서 이렇게 말했다.

"과거 정말 대단한 사역들을 했네요. 이런 경험이 우리 공동체에 큰 힘이 될 것 같아서 뵙자고 했어요. 지금 신앙생활은 어떻게 하고 계신가요? 요즘 어떤 은혜를 누리고 계신지, 기도와 말씀 생활은 어떻게 하시는지 궁금합니다."

그의 답변에 나는 깜짝 놀랐다.

"죄송하지만 지금은 신앙생활을 잘하지 못하고 있습니다. 예전엔 참 열심히 했는데 어느 순간부터 게을러져서 예배도 가끔 나가고 기도는 하지 않고 성경도 잘 보지 못합니다."

나는 다시 물었다.

"그렇군요. 안타깝네요. 지금 신앙생활을 하지 않고 있는데 왜 저희 사역에 함께하겠다고 신청했나요?"

그는 전혀 예상하지 못한 질문을 받은 것처럼 당황하는 모습이 역력했다.

대화 중에 나는 그 이유를 알게 되었다. 그가 사역했던 다른 단체에서는 신앙심이 전혀 없는 사람이어도 기능적인 사역을 위해 리더로 세운다고 했다. 간혹 타 교회에서 받은 출석 확인서나 세례 증명서를 받기도 했는데 그 역시 형식적이라고 했다. 나는 그에게 또 말했다.

"우리는 신앙 공동체입니다. 신앙생활을 하지 않는 사람을 리더로 세울 순 없어요. 신앙 공동체의 리더라면 그저 그런 신앙생활로 만족해서는 안 된다고 생각합니다. 이런 이유로 저희 단체에서는 평일에 따로 모여 신앙 훈련을 합니다."

여전히 그는 당황하는 얼굴로 면접을 끝내고 돌아갔다. 돌아보면, 내가 만났던 리더들 중 다수가 지금은 어떤 신앙의 훈련도 받고 있지 않다. 교회 안에 있는 훈련에도 참여하지 않고 외부의 어떤 훈련 모임에 가서 도움을 받지도 않는다. 스스로 완성된 신앙인이 되어 있다. 이런 사람이 리더 자리에 있다는 자체가 공동체를 위험에 빠뜨리게 하는 큰 요소다.

신앙에 완성이란 없다. 정체되어서는 안 되고 평생 배워가야 한다. 평생 배우는 게 신앙이다.

한 사람의 헌신도는 과거뿐 아니라 현재 신앙 훈련까지 포함되어서 증명되어야 한다. 다른 훈련으로 신앙 훈련을 대신할 수는 없다. 음악을 배우고 있다고 해서 신앙 훈련을 받지 않아도 된다는 말은 성경에 없다. 그 말은 적어도 리더라면 말씀의 끈을 붙들고 있어야 한다는 의미다. 신앙은 기본 전제다.

"저는 목회자가 아니고 사역자도 아닙니다. 저에게 신앙 훈련을 요구하지 마세요. 저는 평신도로서 봉사하는 중입니다."

이러한 이유로 리더의 자리에 있으면서 신앙생활을 소홀히 해도 될까? 더는 훈련을 안 받아도 되는 것일까? 절대로 그렇지 않다.

"당신은 교회 리더인가?"

"그렇다면 현재 교회 양육 모임과 훈련 과정에 참여하는가?"

이 전제가 너무 중요하다.

신앙의 3요소

신앙에는 세 가지 요소가 있는데 첫 번째는 Fact, 사실이다. 우리는 성경을 통해 예수님이 어떻게 십자가를 지셨고, 어떻게 부활하셨고, 어떻게 승천하셨고, 어떤 말씀을 하셨는지 등의 사실을 배운다. 두 번째 요소는 Faith, 믿음이다. 배운 사실을 믿는 것이다. 세 번째는 Feeling, 감정이다. 기쁨과 슬픔과 애통함을 느끼는 것이다. '마음이 가난한 자는', '애통하는 자는', 이런 표현이 모두 감정이다. 신앙은 이 세 가지 요소를 통해 자라간다. 더 나아가서 우리에게는 지성과 정서와 의지가 있다. 이것을 흔히 인격의 3요소라고 한다. 신앙은 이 인격의 요소들이 자라도록 한다. 지성으로 하나님을 알고, 정서로 느끼고, 의지로 그분의 뜻을 실천한다. 이런 과정에서 우리 인격이 변화된다. 상처는 치료되어도 인격은 변하지 않는다는 말은 거짓이다. 인격은 은혜로 변한다. 사람은 변할 수 있다.

> 그런즉 누구든지 그리스도 안에 있으면 새로운 피조물이라 이전 것은 지나갔으니 보라 새 것이 되었도다. 고린도후서 5:17

그렇다면 리더가 이런 인격의 성숙함과 변화를 이루어 가는 것에 대해 생각해 보자. 리더가 신앙 훈련을 통해 인격이 자라고 변화되는 것 자체가 지금까지 강조한 신앙의 헌신이다. 인격적인 변화가 필요한 리더들이 많다. 물론 사람은 누구나 부족하다. 모두 완전하지 못하다. 그러나 리더로서 자격이 안 될 정도로 인격적인 문제가 있는 리더도 있다.

리더의 신앙이 자라고 인격의 변화를 일으키는 장면을 생각해 보라. 신앙과 인격이 성숙한 리더가 내 앞에 있다. 얼마나 기대되는가! 그 어떤 리더라도 신앙의 성장이 현재 확인되어야 한다. 한때 대단한 열심을 가졌다는 것은 지금의 리더십에 전혀 도움이 되지 않는다. 나는 절대로 변하지 않을 것이라는 다짐도 전혀 근거가 되지 못한다. 신앙은 과거도, 경력과 공로도 아니고, 미래의 예측도 아니다. 오직 지금의 모습을 의미한다. 리더는 현재적 신앙 상태에 대해 공동체의 신뢰를 얻어야 한다.

'지금 나의 지성은 말씀으로 채워지고 있는가?'

'지금 나의 정서는 은혜로 감격하고 있는가?'

'지금 나의 의지는 자기 부인의 결단으로 순종하고 있는가?'

리더는 이런 질문들을 자신에게 던져야 한다. 우리는 앞서 미래형 리더를 말하면서 공감과 소통이 중요하다고 했다. 그렇다면 리더의 신앙은 더더욱 중요하다. 신앙이 전제되지 않은 공감과 소통은 교회를 인본주의적 공동체, 다시 말해 취미 활동 동호회 수준에 머무르게 한다. 신앙 공동체에서 신앙은 리더의 자격 그 자체임을 기억하자.

4부
리더십 트레이닝

7장

◻

성경적 공동체의 원리

현대 교회 리더십이 무너진 이유는 정서의 문제뿐 아니라 신앙의 문제도 있다. 신앙의 변질은 건강한 정서가 무너지는 또 하나의 근거가 된다. 예수님의 마음을 묵상하지 못할 때 신앙의 변질이 일어난다.

경쟁하지 말고 어린양을 찾으라

특히 리더들이 공동체를 이끌 때 가장 많이 실수하는 부분이 바로 공동체를 경쟁시킴으로써 자신의 리더십을 강화하는 방법이다. 이로 인해 공동체가 신앙 훈련, 전도 활동, 봉사 활동, 심지어 헌물을 드리는 일까지 순수하게 자신의 신앙 안에서 참여하지 못하고, 성도간 경쟁에서 이기고 인정받기 위한 목적으로 참여하게 된다. 리더십은 이런 잘못된 동기를 묵과하고 드러난 결과로만 큰 상을 주고 그 공로로 직분을 주기도 한다. 어떤 경우에는 구체적으로 전도를 몇 명 하고 헌금을 얼마나 했는지를 공개하는 경우도 있으며, 이 경쟁에서 이긴 사람을 알곡으로, 경쟁에서 진 사람을 가라지로 비유하는 경우도 있다.

물론, 세상에는 이런 방법이 유행처럼 번져 있다. 이윤만을 추구하는 기업에서는 경쟁에 따른 성과 보상이 당연하다. 공동체 운영에 마땅한 대안이 없는 리더 입장에서는 가장 손쉬운 길로 보인다. 중요한 사실은 교회는 이익을 도모하기 위한 곳이 아니라는 점이다. 예수님은 우리에게 이런 리더십을 가르치지 않으셨다. 예수님의 리더십은 길 잃은 양 한 마리를 찾아 나선 목자의 비유를 통해 알 수 있다. 예수님은 한 마리 길 잃은 양을 위해 아흔아홉 마리를 기다리게 하고 길을 떠나야 한다고 가르치셨다.

> 너희 생각에는 어떠하냐 만일 어떤 사람이 양 백 마리가 있는데 그 중의 하나가 길을 잃었으면 그 아흔아홉 마리를 산에 두고 가서 길 잃은 양을 찾지 않겠느냐 진실로 너희에게 이르노니 만일 찾으면 길을 잃지 아니한 아흔아홉 마리보다 이것을 더 기뻐하리라.
>
> 마태복음 18:12~13

예수님은 어린아이를 안으시고 말씀하셨다.

> 어린아이들이 내게 오는 것을 용납하고 금하지 말라 하나님의 나라가 이런 자의 것이니라. 누가복음 18:16

이 말씀에서 어린아이는 육체적으로 어린 것만을 뜻하지 않는다. 하나님을 믿지만 재능이 없거나 전도를 못하거나 봉사를 못하는 등 부족한 점이 많은 사람을 함께 말하고 있다. 열매가 없고 결과를 내지 못했다고 해서 그들에게 상처를 주어서는 안 된다. 교회 공동체는 성령의 임재와 말씀으로 하나님을 알아가는 성도의 기본적인 경건 훈련이 전제되어야 한다. 그것이 바로 어린양을 찾는 공동체이고, 어린양을 찾는 리더십이다.

그러므로 공동체 현장의 리더들이 하나님과 친밀한 교제를 나누는 일에 게을러서는 안 된다. 리더는 말씀을 묵상하고 배우는 경건의 시간을 매일 가져야 한다. 이 건강한 전제 위에 리더십의 실제적인 방법론을 배우는 교육 과정이 더해져야 한다. 지금 교회 안 리더들을 교육하는 프로그램을 다시 점검할 필요가 있다. 소그룹 리더, 직분자, 교사 등에 대한 교육은 어떻게 이루어지고 있는가? 그저 형식적이지는 않은가? 각자 자신이 신앙생활을 해 온 경험만으로 공동체를 이끌고 있지는 않은가? 리더들이 말씀 묵상을 통해 새롭게 하나님을 배우고 있는가? 그들의 삶에서 성령의 임재를 경험하고 있는가? 교육 자료와 정보가 부족해 찾아 헤매고 있지는 않은가?

현실적으로 교회 자체적으로 교육과 훈련을 할 수 있는 곳이 많지 않다. 그런 경우에는 외부 콘퍼런스와 세미나를 이용할 수 있다. 조금만 찾아보면 한국교회 안에 정말 많은 프로그램이 있다. 잘 배우고 활용하면 교회 안에 좋은 교육 시스템을 갖출 수 있다. 배우지 않으면 가르칠 수 없음을 기억하고 검증된 교육을 받도록 권면해야 한다.

앞서 말한 대로, 공동체를 경쟁 구도로 몰고 가는 운영 방식은 다분히 세상적이다. 이 땅에서 다른 사람보다 잘살고, 잘 먹고, 잘되는 일들을 믿음의 근거로 삼았기 때문이다. 예수를 믿는 것은 그분의 존재하심 때문이고, 예수님의 말씀을 믿는 것은 그분이 살아계신 하나님의 아들이심을 믿기 때문이다. 그리고 예수님의 십자가를 통해 나의 본질적 죄악이 해결되어 구원을 얻었기 때문이다. 그렇다면 믿음은 예수님과 같이 하나님의 이름을 부르며, 죽고 나서는 하나님 나라로 부르심을 받기 위해서라고 말할 수 있다.

당신과 나는 예수님을 통해 죽음을 해결한 사람들이다. 그래서 이 땅에 살지만, 이곳이 전부인 양 아등바등 살아가지 않는다. 오히려 이 세상의 주인이 하나님이심을 고백하며 하나님의 이름이 높임을 받으시도록 찬양하며 살아간다.

성경에 나오는 믿음의 선배들, 특히 히브리서 11장에 등장하는 믿음의 사람들을 보면 그 누구도 이 땅에 소망을 두고 자신의 유익을 구하며 살지 않았다. 신약의 사도들과 제자들은 사람들에게 전도지를 나눠 주며 "예수 믿으세요"라고 하지 않았다. 대신 말씀을 풀어서 설명해 주었다. 내 것이 된 복음을 설명하며 이 땅에 소망을 두는 일이 얼마나 어리석은지를 나눴다. 전도는 그런 것이다. 땅끝까지 가서 복음을 증거해야겠지만, 증거할 말씀이 내 안에 살아있는지를 먼저 물어야 한다.

진리를 아는 것과 뛰어나고 재능있는 탁월한 사람이 되는 것은 꼭 일치하지 않는다. 만약 그랬다면 예수님은 배우지 못한 어부였던 베드로를, 멸시당하는 세리였던 마태를 부르셨을 리 없다. 대신 당시에 가장 똑똑하고 성공한 삶을 살았던 제사장과 서기관, 바리새인과 사두개인, 귀족과 부자에게 찾아가셨을 것이다. 예수님은 세상의 기준으로 제자들을 선택하지 않으셨다. 그들이 학교에서 몇 등을 했는지, 사회에서 얼마나 성공했는지 묻지 않으시고 대신 이렇게 물으셨다.

"너희는 나를 누구라 하느냐?"

"네가 나를 사랑하느냐?"

그들이 얼마나 많은 기적을 행했는지도 묻지 않으셨다. 마태복음 7장에서 보듯이 "나더러 주여 주여 하는 자마다 다 천국에 들어갈 것이 아니요"라고 하셨고, 예수의 이름으로 귀신을 쫓고 권능을 행하였다고 자랑하는 이들을 향해 "불법을 행하는 자들"이라고 진노하셨다. 예수님은 오직 우리가 이 땅에서 말씀대로 살았는지를 질문하신다. 그 말씀이 곧 하나님이시기 때문이다.

현성과 재호는 신대원에서 생활관 룸메이트다. 현성의 아버지는 오래전부터 남묘호렌게교 임원으로 일하셨다. 현성도 고등학교 졸업 때까지 그 종교에 빠져 있었다. 현성은 그 시절 직접 수많은 기적을 보고 또 경험했다. 대학 원서를 넣으러 서울에 왔다가 크리스천이었던 친척 집에 잠시 머무는 동안 처음으로 교회에 방문하게 되었고, 이후 예수를 믿게 되었다. 재호는 현성의 이야기를 들으며 궁금한 것이 있었다.

"예수를 믿고 나서는 그런 기적이 얼마나 있었어?"

현성의 대답은 뜻밖이었다.

"기적은 하나도 없었어. 오히려 아들이 아플 때 안수하고 기도했더니 더 아프던데?"

"그런데 왜 예수를 믿고 신학교까지 오게 된 거야?"

"가만 생각해 보니 내가 전에 믿었던 그 종교에는 구원이 없더라고. 구원은 예수 그리스도를 통해서만 얻게 되는 놀라운 은혜라는 걸 깨닫고 예수님을 믿게 된 거야."

예수님은 기적을 통해 자신의 신적 신분을 드러내고자 하신 적이 없다. 도리어 기적을 행하시고도 아무에게도 이를 말하지 말라고 당부하셨다. 사람의 필요를 아시고 긍휼히 여기시며 기적을 행하셨지만, 기적 때문에 자신을 믿고 따르는 것을 원하지 않으셨다. 오직 십자가 앞에 죄를 고백하며 자아를 온전히 내려놓는 믿음을 가지기를 원하셨다.

믿음은 오늘도 예수님의 '주머니'가 아닌 그분의 '존재' 자체를 바라보고 있는지, 성경의 법대로 살고 있는지를 질문한다. 성경을 연구하고 묵상하며 그분의 뜻을 알아가려는 노력이 필요한 이유도 이 때문이다. 교회 리더십의 기준도 바로 여기 있어야 한다.

> 오직 우리 주 곧 구주 예수 그리스도의 은혜와 그를 아는 지식에서 자라 가라 영광이 이제와 영원한 날까지 그에게 있을지어다.
>
> 베드로후서 3:18

일꾼이 아닌 제자가 되어라

교회 공동체의 사명은 사람을 낚는 어부가 되는 것이다.

말씀하시되 나를 따라오라 내가 너희를 사람을 낚는 어부가 되게 하리라 하시니 그들이 곧 그물을 버려 두고 예수를 따르니라.

마태복음 4:19~20

많은 교회가 이 말씀을 인용하여 그물로 고기를 낚듯이 사람을 낚자고 외친다. 이로 인해 공동체의 제일 정체성은 '전도'가 되고, 이를 위해 공동체에 들어가자마자 강제적인 전도 사명자로 임명된다. 실제로 요즘 전도에 성공한 교회라고 홍보하는 곳들이 많아지고 있고, 각종 전도 세미나도 덩달아 유행하고 있다. 하지만 상당수 교회들에서 새로운 사람들이 정착하지 못하고 떠난다고 한다. 왜 새신자들은 정착하지 못하고 떠나는가?

마태복음 4장 19절에서 예수님은 첫 번째로 어부인 베드로와 안드레를 부르신다. 그러나 그들은 가족과 배를 버려두고 곧장 예수님을 따라갔다. 여기서 중요한 질문이 생긴다.

'사람을 낚는 어부'의 의미는 대체 무엇인가?

많은 사람을 전도하라는 게 이 구절이 뜻하는 전부인가? 영어 성경에는 "fishers of men"이라고 나온다. 어떤 학자는 '사람을 낚는 어부'로 해석하고 또 어떤 학자는 '사람들의 어부'라고 해석하는데, 이 해석에 따라 적용이 달라진다. '사람을 낚는 어부'라고 하면 '낚는다'를 강조해서 전도나 선교로 적용되는 일이 많고, '사람들의 어부'라고 하면 '사람들'을 강조해 공동체 리더로서의 측면을 강조하게 된다.

여기서 초점은 어부로 부르심을 받은 '제자들'보다 부르심의 주체인 '예수님'께 있다. 만약 제자들을 더 강조했다면, 그들이 어부로서 얼마나 힘든 삶을 살고 있는지에 대한 내용이 나왔을 것이다. 그래야 그들이 직업도 버리고 예수님을 따른 선택에 명분이 생긴다. 이때 제자들은 예수님이 이스라엘의 왕이 되셔서 삶의 어려움을 해결해 주실 것이라 기대했기 때문이다.

반면, 부르심의 주체인 예수님의 입장에서 보면 다른 의도가 드러난다. 이것은 단지 제자들을 현실의 어려움에서 구해내는 일차적 이유보다 더 심오한 이유가 있다. 처음에는 제자들이 깨닫지 못하고 인간적인 이유로 예수님을 따랐다. 마태복음 4장은 전체가 하나의 이야기다. 첫 부분은 예수님이 광야에서 시험받으신 후 세례 요한이 잡혔다는 이야기를 듣고, 처음 사역으로 제자들을 부르시는 내용이다. 그러니까 이야기 주인공이 '예수님'이다. 결국 예수님이 시험받으시고, 소식을 들으시고, 사역하시는 이야기인 것이다. 나와 당신의 삶도 사실은 우리가 주인공이 아니고 예수님이 주인공이심이 강조되어야 마땅하다.

그렇다면 우리 공동체는 성경을 몰라도 전도만 하면 된다는 비성경적인 원리를 그만 버려야 한다. 청교도 신학자 조나단 에드

워드는 《그리스도를 아는 지식》에서 "마귀가 성도를 무너뜨리는 가장 흔한 방법은 무지를 이용하는 것"이라고 했다. 여기서 '무지'는 성경에 대한 무지를 말한다. 무지하여 무엇이 죄인지 모르게 될 때 결과는 참혹하다. 성경을 모르는 것이 '죄'라면, 성경을 모르는 사람들이 성경 훈련보다 전도에만 집중하는 것을 어떻게 봐야 할까?

처음 부르심을 받은 제자들 역시 무지했다. 그들은 예수님의 존재보다 그분의 능력에 집중했다. 그래서 예수님보다 '사람을 낚는 어부'라는 말에 집중했다. 예수님이 정치적인 왕이 되어, 자신들에게 한 자리씩 주시리라 생각했다. 지금도 어떤 사람들은 제자들처럼 '예수 믿으면 복 받는다'고 해서 믿는다. 그러나 예수님은 인간의 약함을 이미 알고 계셨다. 그래서 늘 제자들을 데리고 다니며 말씀하고 가르치셨다. 나중에 부활하신 후에 같은 장면이 다시 연출된다. 예수님 죽음 이후 다시 어부로 돌아간 베드로에게 찾아오신다. 사람을 낚는 어부는 못 되었고, 예수님을 세 번이나 부인하고 난 후였다. 예수님이 같이 지내며 말씀을 가르쳤는데도 제자 훈련에 실패한 셈이다.

하지만 예수님은 마치 그럴 줄 알았다는 듯이 다시 베드로를 찾아오셨다. 그때는 질문이 달라졌다.

"네가 나를 사랑하느냐?"

예수님을 세 번 부인했던 베드로의 과거를 지우시는 것처럼 똑같이 세 번을 물으셨다. 또 예수님을 따르는 제자도에 대해 말씀하신다. 예수님의 능력이 아닌 예수님의 존재를 사랑하라는 것. 그제야 베드로가 예수님에 대한 사랑을 고백한다.

내가 주님을 사랑하는 줄을 주님께서 아시나이다. 요한복음 21:17

예수님은 실상 처음부터 이런 사랑의 고백을 받으실 의도로 베드로를 부르셨다. 그리고 처음에 깨닫지 못했던 베드로를 깨닫게 하시고, 이 고백 위에 교회를 세우셨다.

오늘 예수님이 당신을 부르신다. 당신이 지금까지 예수님의 능력에만 관심이 많았더라도, 결국 예수님의 존재에 집중하게 될 것이다. 예수님이 그렇게 당신을 인도하실 것이다. 사람을 낚는 어부는 결국 예수 그리스도의 제자가 되는 것이다. 제자가 먼저 되어야 전도든 리더든 섬길 수 있다. 예수님 말씀을 붙들고 따르는 것이 제자의 본질이라면 우리는 지금 성경을 펴야 한다.

예수님은 제자들을 일꾼이 아닌 어부로 만들기 위해 끊임없이 말씀으로 가르치셨다. 기적을 베푸신 후에는 아무에게도 알리지 말 것을 요청하셨다. 기적은 긍휼의 도구지만 예수님이 이 땅에 오신 진정한 목적은 아니었기 때문이다. 기적을 베풀기 위해 오신 것이라면 제자들로도 충분했다. 굳이 하나님 자신이 육신으로 이 땅에 오실 필요가 없었다. 구약시대 엘리야처럼 얼마든지 사람을 통해 일하실 수도 있었다. 하지만 십자가 구속의 은혜를 베풀기 위해 오신 예수님은 제자들이 그분의 말씀으로 세워지는 어부들이 되기를 소망하셨다. 실제로 제자들은 예수님이 승천하신 후에 성령으로 함께하실 때 드디어 전도를 시작했고 사람들에게 성경을 풀어 주게 되었다.

미래형 리더가 되기 위해서는 일만 하지 말고 제자를 세워야 한다. 일만 하는 사람은 일의 결과가 중요하다. 그래서 자연스럽게 목적을 이루기 위한 경쟁과 실적을 요구하게 된다. 그러나 교회 공동체는 계속 강조하듯 말씀 훈련이 기본이다. 제자들이 마가의 다락방에서 성령을 받았을 때 그들의 영혼은 예수님의 말씀으로 채워져 있었다. 그들이 성령 받고 무엇을 했는가. 그들은 복음을 전했는데, 그 과정에서 말씀을 풀어 설명함으로 복음을 전했다는 점에 주목해야 한다. 우리가 하나님의 말씀으로 영혼을 채울 때 그 지식은 마치 아궁이에 불을 붙이기 위한 장작처럼 우리 영혼에 영적 장작이 되어 줄 것이다. 성령으로 내 영혼이 충만해지는 것은 장작에 불을 붙이는 것과 같다.

바른 성경 묵상이 건강한 공동체를 만든다. 교회 안팎 공동체들은 예수 그리스도를 믿는 믿음 안에서 모인 신앙 공동체다. 공동체마다 영적으로 건강해지기 위해 여러 훈련 과정과 프로그램을 적용하고 있다. 그러나 어떤 교육과 프로그램보다 중요한 것은 성경을 통한 말씀 훈련이다. 교회는 신앙 공동체이고 우리의 정체성이기 때문이다. 내가 속한 공동체는 어떤 정체성과 내용으로 모이고 있는가? 혹시나 공동체가 기능적인 일을 위해, 또는 친목과 교제를 위해, 성경 이외의 지식 나눔이나 특별한 이익을 도모하기 위해 모이지는 않은지 돌아보아야 한다.

구약에서 하나님은 사람을 세우실 때 직접 그분의 음성을 들려 주셨다. 신약시대에는 사람의 몸으로 오신 예수님이 직접 제자들을 찾아다니면서 부르셨다. 부활하시고 승천하신 후에는 성령님이 역사하셔서 부르신 자들에게 놀라운 능력을 부어 주셨다. 초대교회는 성령의 역사를 구하며 사람을 세웠다. 여기까지만 생각하면 지금 우리도 개인의 부르심에 대한 확신과 목사님께 특별히 지정받은 사람, 그리고 제비뽑기 등의 요소를 생각할 수 있다. 여기에 앞서 말한 성공과 재능, 능력에 대한 요소들이 시대에 부합한다는 이유로 추가될 수도 있다.

하지만 성경은 이보다 더 중요한, 사람을 세우는 '세움의 원리'를 말한다. 바로 '말씀으로 세워지는 제자의 원리'다. 성경은 하나님의 사람이 세워질 때 다듬어지고 고쳐지는 과정을 강조하는데, 이 열매를 성경으로 맺을 수 있다고 말한다.

> 모든 성경은 하나님의 감동으로 된 것으로 교훈과 책망과 바르게 함과 의로 교육하기에 유익하니 이는 하나님의 사람으로 온전하게 하며 모든 선한 일을 행할 능력을 갖추게 하려 함이라.
>
> 디모데후서 3:16~17

이 말씀은 우리에게 성경을 통해 어떤 고침과 변화가 일어나는지를 말한다.

여기서 '온전케 한다'는 말이 곧 교회에서 리더를 세우는 가장 중요한 기준이 된다. 흔히 예배만 잘 드리면 된다고 하지만, 성경은 분명히 예배를 드리는 것만으로는 우리가 온전해질 수 없다고 말한다. 자세히 보면, 성경을 통한 교육으로 온전케 될 수 있다는 것 이외에 하나를 더 강조했다. 바로 "모든 선한 일을 행할 능력을 갖추게 하려 함이라"라는 말씀처럼 하나님이 맡기신 사명을 잘 감당할 수 있는 능력 또한 성경을 통해서 가능하다고 한다.

> 해마다 늘 드리는 같은 제사로는 나아오는 자들을 언제나 온전하게 할 수 없느니라. 히브리서 10:1b

우리는 성경 말씀을 배우고 훈련하는 과정을 통해 사람이 세워져야 한다는 것을 알 수 있다. 왜냐하면 '온전하다'는 말이 곧 하나님을 닮아가는 것을 의미하기 때문이다. 예수님은 마태복음 5장 48절에서 "그러므로 하늘에 계신 너희 아버지의 온전하심과 같이 너희도 온전하라"라고 말씀하셨다.

그렇다면 우리 공동체는 어부로 훈련되고 있는가? 리더는 공동체를 이렇게 이끌어 가고 있는가? 리더는 무엇에 집중하고 있는가? 가정 먼저 해야 할 것은 리더가 진정한 어부가 되는 일이다. 그래야 공동체를 어부로 만들어 갈 수 있다. 오늘 우리에게 예수님이 말씀하신다. 가족과 직장을 다 버리고 예수님을 따랐어도 나중에 예수님을 부인할 수 있다고 말이다. 그러나 부인하고 배신하여 죄인이 되어도 다시 제자가 될 수 있다고 말씀하신다. 이는 '예수님을 향한 진정한 고백'이 있으면 가능하다. 그 진정한 고백을 올려 드리자. 말씀 가운데 세워진 어부들이 그 말씀으로 복음을 전하기를 소망하자. 교회 공동체는 그렇게 건강해진다. 건강한 고백을 위해 예수님을 알아가자. 알게 된 것이 내 신앙이 되도록 기도하자.

나는 교회를 개척하면서 성도를 세우는 기준에 대해 명확한 답을 가지고 있었다. 바로 '성경의 기준대로'였다. 그 실제적인 적용을 위해 제자훈련을 시작했다. 제자훈련은 성경과 신앙 서적, 교리 문답서 등을 교재로 사용하되 담임목사인 내가 직접 인도했다. 기본 과정인 '새가족반'은 하나님이 누구신가에 대한 답을 찾는다. 여기서는 먼저 하나님의 속성을 배우며 우리가 어떻게 하나님을 닮아가야 하는지 배운다. 그리고 삼위일체 하나님의 개념과 그 사역을 알고, 나의 믿음의 대상을 정확하게 확인한다.

다음은 '확신반'이다. 나의 구원을 점검하고 확신을 얻는 과정이다. 많은 사람이 하나님의 존재를 믿는 것으로 구원을 얻을 수 있다고 착각한다. 성경은 우리 죄가 그리스도의 십자가 보혈을 믿음으로 해결될 때 구원을 얻는다고 말한다. 그래서 하나님의 존재를 믿는 것을 넘어 죄를 알고 회개하는 과정을 통해 구원의 확실성을 가지도록 돕는다.

'성장반'은 스스로 성경을 보는 방법, 묵상하는 방법을 배운다. 이제 '제자반'으로 넘어오면 지금까지 배운 내용을 자신의 삶에 적용하고 실천하는 과제를 수행하게 된다. 여기서 다른 사람들의 실천과 반성의 이야기를 들으며 도전받고 다시 힘을 내는 과정을 반복한다. 이후 '목자반'부터는 평신도 사역자를 양성하기 위한 훈련 과정으로, 공동체 리더로서 모임과 소통을 이끄는 방법론을 배운다. 국제제자훈련원 대표를 지낸 김명호 목사는 제자훈련 강의에서 이렇게 말했다.

"제자훈련에서 리더를 세울 때 가장 중요한 것은 건강한 공동체에 대한 경험 여부입니다. 자신이 직접 건강한 공동체를 경험해야 합니다. 만약 경험하지 못했다면 실제로 어떻게 공동체를 인도해야 할지 모릅니다. 세미나와 강의를 통해 개인의 신앙을 성장시킬 수 있지만, 공동체를 이끌 리더를 만들어 낼 수는 없습니다. 다시 말하지만 그것은 건강한 공동체를 직접 경험해야만 합니다. 공동체 리더는 공동체 훈련을 통해 세울 수 있습니다."

이렇듯 제자훈련과 공동체 훈련의 과정을 통해 세워진 성도라면 적어도 성경의 기본과 공동체의 기본을 아는 사람이라 할 수 있다. 교회는 이 과정에서 직분을 허락하고 초대교회 직분자의 기준을 적용한다. 또한 성도들이 이 과정에 충실하도록 돕기 위해 다른 행사를 포기할 수 있어야 한다. 교회 성장을 위한 많은 행사가 있지만 성도들이 모든 것을 감당하기 어렵기 때문이다. 물론 제자를 세우면서 반드시 필요한 행사들을 점진적으로 만들어 갈 수 있다. 그러나 핵심은 성도를 성경의 기준으로 세우는 일에 최우선으로 집중한다는 점이다.

반면에 대부분 현대 교회는 리더십을 세우는 일이 가정 먼저인 것을 실감한다. 교회가 각자 방법을 연구해야겠지만 성경을 통해 제자로 훈련되는 과정만큼은 어느 교회를 막론하고 가장 우선으로 적용해야 한다. 하나님은 성령의 임재를 통해 늘 인간의 영혼을 깨우셨다. 이 깨우심은 우리가 하나님을 바라보고 믿게 하는 효과가 있다.

물론 바울이 처음 하나님을 만났을 때처럼 성령의 임재와 역사 가운데 기적이 일어나 한 사람이 완전히 변화되고 성령의 사람이 되기도 한다. 하지만 그렇다고 해서 성령의 은혜만 있으면 된다고 말하며 성경을 통한 교육과 훈련을 가볍게 생각해서는 절대로 안 된다. 하나님은 성령의 임재와 역사를 통해 우리가 하나님을 바라보고 믿게 만드신다. 그러나 하나님의 존재를 알아가도록 하는 것은 분명 성경을 통해서라고 말씀하셨다.

> 태초에 말씀이 계시니라 이 말씀이 하나님과 함께 계셨으니
> 이 말씀은 곧 하나님이시니라. 요한복음 1:1

이 말씀처럼 하나님의 존재는 말씀을 통해 알 수 있다. 그러나 성령의 은혜만을 강조하고 성경을 가르치지 않는 교회들이 많다. 이는 성도를 말씀에 무지한 사람으로 만드는 것이다. 그러면 성도는 믿음은 있으나 자라지 않고 하나님을 알아가지 못하여 자신의 믿음과 생각에 의지하여 신앙생활하는, 결국 자신이 우상이 되는

우를 범하게 된다.

우리는 성경을 통해 하나님을 알아가야만 한다. 그 훈련됨으로 믿음이 자랄 수 있고 인격도 변할 수 있다. '온전하게 된다'는 말이 곧 나와 당신이 전인적으로 하나님을 닮아가는 것인데 어찌 변화되지 않겠는가. 따라서 교회의 리더는 성령의 임재로 믿음이 생겨야 하고 신앙의 뜨거움이 있어야 한다. 무엇보다도 성경을 통해 하나님을 알고 믿음이 자라나야 한다. 성령을 통해 성경을 깨닫는 놀라운 은혜를 생각한다면, 성령과 성경은 교회에서 사람을 세우는 데 꼭 필요한 요소임이 틀림없다. 성령만 강조하거나 성경만 강조하는 현상에서 돌이켜 성령과 성경을 통해 건강하게 사람을 세워가는 교회가 되기를 소망한다.

계급 말고 직분을 주어라

성경은 사람을 세우는 원리를 정확하게 제시하고 있다. 성경 자체가 그 기준이다. 세상의 기준도 사람의 기준도 아니다. 문화적 유행과 전통적 관심도 아니다. 공로의 정도와 헌신의 실적도 아니다. 바로 예수 그리스도의 제자가 기준이다. 성령의 인도를 따라 세운다는 개념도 너무 추상적이다. 교회는 '성령의 임재'라는 표현 자체를 남용하고 있다. 성령이 임재하시는 정확하고 구체적인 증거를 찾기 어렵기 때문에 교회의 리더를 세울 때 좀 더 명확한 기준을 가져야 한다. 초대교회를 보라. 장로와 감독, 집사의 직분을 세울 때 얼마나 구체적인 기준을 제시하고 있는가.

> 그러므로 감독은 책망할 것이 없으며 한 아내의 남편이 되며
> 절제하며 신중하며 단정하며 나그네를 대접하며 가르치기를 잘하며.
> 디모데전서 3:2

'한 아내의 남편'이라는 표현은 우리의 문화와 관심, 상식에 비추어도 당연한 기준임에도 굳이 공식적으로 제시하고 있다. 나머지 기준들도 '절제하는 사람', '예의 바른 사람', '잘 섬기는 사람'이라는 익히 공감되는 내용이다. 마지막 기준을 보자.

> 이에 이 사람들을 먼저 시험하여 보고 그 후에 책망할 것이 없으면
> 집사의 직분을 맡게 할 것이요. 디모데전서 3:10

이번에는 감히 생각하지 못한 내용이다. 시험하여 보라는 말은 뜻밖이다. 사람을 세울 때 공식적으로 시험해 보라는 말을 하다니 이해하기 어렵다. 하지만 성경은 명확하게 기준을 제시했다. 우리의 관념과 인식 속에서 당연하다고 생각하며 넘어가지 말고 반드시 시험해 보라고 한다.

다른 경우를 생각해 보자. 열두 제자 중에 가룟 유다가 스스로 목숨을 끊는다. 그후 제비를 뽑아 그를 대신할 새로운 제자를 선

발하게 된다. 그 결과 '맛디아'가 선발되었다. 이때는 왜 제비를 뽑았는가? 제자들은 처음부터 후보자 없이 제비를 뽑지 않았다. 두 명의 최종 후보를 선발한 후에 제비를 뽑았다.

> 그들이 두 사람을 내세우니 하나는 바사바라고도 하고 별명은 유스도라고 하는 요셉이요 하나는 맛디아라. 사도행전 1:23

두 사람을 최종 후보로 선정하는 과정에서 그들은 여러 가지 기준을 적용했을 것이다. 그 기준에 합당한 두 사람이 나왔고, 최종 결정을 할 때 하나님께 기도한 것이다. 도저히 인간의 이성으로 최종 결정을 할 수 없을 때 공동체가 함께 기도하여 마음을 구하는 과정을 적용한 경우다. 그뿐 아니라 사도들은 자신들이 복음을 전하는 일과 기도하는 일에 전념하기 위해 과부들의 구제를 도울 집사 일곱 명을 임명한다. 이때에도 명확한 기준을 제시한다. 열두 명의 사도가 제시한 기준은 다음과 같다.

> 형제들아 너희 가운데서 성령과 지혜가 충만하여 칭찬 받는 사람 일곱을 택하라 우리가 이 일을 그들에게 맡기고. 사도행전 6:3

지금도 이런 구체적인 기준이 필요하다. 초대교회에서 사람을 세우는 기준은 현대 교회에도 그대로 적용할 수 있다. 굳이 새로운 기준을 만들기보다는 이 기준을 기초로 하되, 각 교회의 현실과 상황에 맞는 세부적인 기준을 적용하면 될 것이다. 이런 성경의 기준이 얼마나 가치가 있는지 보자.

> 집사의 직분을 잘한 자들은 아름다운 지위와 그리스도 예수 안에 있는 믿음에 큰 담력을 얻느니라. 디모데전서 3:13

이 말씀에서 '아름다운 지위'에 해당하는 헬라어는 '바드모스'인데, 그 의미는 '계단'이다. 즉 가치가 계단을 올라가듯 상승한다는 의미이다. '믿음의 큰 담력'을 얻을 정도의 가치 상승이다. 이 표현은 헬라어로 '펠레시아'인데 교회 밖 사람들에게 인정받는 것을 의미한다. 이런 집사들을 통해 교회가 세상에서 가치를 인정받게 될 것임을 강조하고 있다.

결론적으로 성경의 기준은 인간에 대해 잘 아시는 하나님이 사람을 세우시는 지혜다. 이처럼 성경에 근거해서 리더를 세운다면 공동체에 큰 유익이 될 것이다.

●● 아부 대신 정의를 행하라

이 원리는 두 가지 적용점이 있다. 첫째는 리더가 자기편을 만들지 않는 평등함을 가져야 한다. 어느 기업 대표가 조회 시간에 이렇게 말했다.

"직장 생활을 잘하려면 직장 생활 백서를 연구해야 합니다. 여기에서 제일 중요한 것이 '아부'입니다."

직원들은 그의 말에 웃음을 터뜨렸다. 대표는 말을 이어갔다.

"아부에는 두 가지 종류가 있습니다. 첫째는 '아첨하는 부탁'입니다. 이는 우리가 잘 아는 대로 자신의 이익을 위해 상대의 비위를 맞춰 주고 알랑거림으로 부탁하는 것입니다. 이때 비위를 맞추다 보면 비정상적인 대가를 치르기도 하고 심한 경우 편법과 불법을 저지르기도 합니다. 그래서 보통 이런 아부는 받는 사람은 좋아하지만 보는 사람은 싫어합니다. 결국 아부를 잘하는 사람 주변에는 사람이 없습니다. 둘째는 '아름다운 부탁'입니다. 이 경우는 상대에게 인격과 매너를 갖추고 자신이 필요한 부탁을 하는 것입니다. 이 부탁은 서로가 정직할 수 있습니다. 부탁에 대한 어떤 부당한 부담을 누구도 갖지 않습니다. 이런 아부를 잘하는 사람 주변에는 사람들이 모입니다. 우리에게는 이 두 가지 중 어떤 아부가 필요할까요?"

대표의 마지막 질문에 직원들은 침묵했다. 사실 대표는 회사에서 비일비재하게 일어나는 '아부' 문화를 바로잡고 싶었던 것이다. 그는 전자의 '아부'가 공동체를 얼마나 병들게 만드는지 잘 알고 있었다. 그렇다면 아부가 공동체 안에 빈번한 이유는 무엇일까? 바로 잘 먹히고 통하기 때문이다. 더 정확히는 리더가 아첨을 받아주고, 좋아하고, 원하기 때문이다.

미래형 리더십의 시작은 이런 '아첨하는 부탁'을 '아름다운 부탁'으로 바꾸는 일이다. 이런 분위기 전환을 위해 리더가 가장 조심해야 할 첫 번째는 사람을 가리지 않는 것이다. '우리 리더는 아부를 좋아해'라는 인식이 생기지 않도록 해야 한다. 만약 공동체가 리더가 아부를 좋아한다고 인식하고 있다면 당장에는 '아부'를 통해 자신들의 유익을 얻고자 하겠지만 결코 그 리더를 신뢰하지 않을 것이다. 또한 은연 중에 구성원들은 리더가 좋아하는 사람이 되어야 한다는 압박을 받는다. '아부'를 좋아하는 리더가 자주 하는 말이 있다.

"저 사람은 나를 좋아하지 않아."

상대방이 자신을 좋아하는지 아닌지로 사람을 구분한다. 리더 자신이 '내 편'이라는 개념을 스스로 강조하는 꼴이 된다. 리더가 자신을 좋아하지 않는다고 생각하는 사람을 부정적으로 표현한다면 어떤 일이 벌어질까? 리더의 편에 서 있는 사람이 합세해서 더욱 강하게 상대방을 비난할 것이다. 여기서 끝이 아니다. 언제라도 리더의 편에서 아부하던 사람이 리더에게 서운함을 느끼고 돌아서게 되면 지금까지 리더가 누구를 어떻게 비난했는지가 다 알려진다. 반대로 리더 편에 서 있던 사람들도 이런 생각이 든다.

'리더는 나에 대해서도 저렇게 말하겠지.'

그 결과 공동체는 점점 분열된다. 리더를 좋아하는 사람과 좋아하지 않는 사람, 이렇게 극단적으로 나누어지기 때문이다. 이런 사건들을 경험하는 이들의 마음에는 큰 불신이 생길 수 있다. 그리고 단지 그 공동체에서 살아남기 위해 혹은 자신의 이익을 얻기 위해 리더의 성향에 맞추는 타협을 하게 된다.

리더는 공동체의 연합을 이끌어 내야 할 사람이다. 공동체가 리더의 성향에 필요 이상으로 집중하면 연합이 깨진다. 리더는 공평과 평등을 보여줘야 하는데, 이를 위해 자기 주변에 특혜를 가진 사람을 두지 않아야 한다. 만약 누군가에게 특혜를 줄 때는 타당한 이유를 설명해야 한다. 또한 주변에 사적 관계와 모임이 없어야 한다. 특정한 사람들과 자주 밥을 먹는다면 그들이 리더의 핵심 측근이 된다.

물론 이런 행동에 목적이 분명하다면 이야기가 달라진다. 그러려면 목적이 명분을 가져야 하고, 이를 공동체에 공식적으로 잘 전달해야 한다. 이를 위해 리더는 항상 형평성을 가져야 한다.

"우리 리더는 관계에서 따뜻하고 친절하지만 일에서 결정할 때는 객관성을 가지고 이성적으로 판단해."

이런 말을 듣는 리더가 되어야 한다. 이런 평등의 분위기는 공동체 안에서 '아름다운 부탁'을 활성화한다.

두 번째 적용점은 리더가 모든 사람의 장점을 동일하게 살려 주는 평등함을 가져야 한다는 것이다. 〈슬기로운 감빵 생활〉이라는 드라마가 있다. 극 중 한 교도관이 교도소장에게 건의하는 장면이 나온다. 동료 교도관 중 마음에 안 드는 사람을 다른 교도소로 보내자는 내용이다. 그가 정의감이 많고 고집이 있어 자신의 말을 잘 듣지 않는다는 이유였다. 그런데 교도소장이 의외의 이야기를 한다.

"다른 곳으로 갈 거면 당신이 가세요. 나는 저 사람 안 보낼 겁니다. 왜냐하면 저런 사람도 있어야 여기가 돌아가니까요."

교도소장은 상당히 지혜로운 사람이다. 자신의 말을 듣지 않는다는 이유로 고집 센 동료를 공격하지 않는다. 오히려 그런 사람이 공동체에 도움이 된다고 말한다. 이렇게 말할 수 있었던 이유는 리더가 비난 받는 사람의 단점보다는 장점에 집중했기 때문이다. 단점만 보면 마음에 들지 않지만, 장점을 함께 보면 괜찮은 사람인 것이다.

내가 리더로 있었던 찬양팀 이야기다. 1년간 매주 나와서 봉사할 정규 멤버를 모집한다고 공고를 냈다. 이런 공고에는 대부분 음악하는 사람들이 지원한다. 무대에서 찬양하는 사람이 아니고 방송, 안내 등 다른 봉사라 해도 지원자는 대부분 음악을 하는 사람들이다. 음악이라는 특별한 매력이 있는 공동체이기 때문이다. 물론 어떨 때는 조금 답답하기도 했다. 방송이면 방송에 관계된 사람이, 안내면 안내를 잘하는 사람이 좋지 않겠는가. 하루는 중년의 한 집사님이 지원했는데 조금 특이했다. 대부분의 지원자가 20~30대인 찬양팀에 40대의 집사님이 오셨기 때문이다. 게다가 내가 음악을 전공하셨냐고 묻자, 집사님은 음악 전공자도 아니고 음악을 하고 싶어서 지원한 것도 아니라고 하면서 이렇게 말했다.

"무엇이라도 봉사하고 싶어서 왔습니다. 저는 밥도 잘하고, 청소도 잘하고, 무엇이든 섬기고 싶어요."

나는 그 겸손한 마음에 감동을 받았다.

"집사님, 저희를 위해 식사와 간식을 챙겨 주시겠어요? 그런 섬김이 필요했거든요."

그분은 흔쾌히 수락하셨고 기존에 없었던 '사역 지원팀'이 생겼다. 집사님은 매주 모임 때마다 팀원들 식사와 간식을 챙겨 주셨다. 더 놀라운 일은 갈수록 사역 지원팀에 더 많은 봉사자가 모였다는 점이다.

리더는 사람의 장점을 파악하고 그것을 살려 줄 수 있어야 한다. 나는 목회하면서 누군가 다른 성도를 비난해도 크게 흔들릴 필요가 없음을 깨달았다. 왜냐하면 비난을 받는 성도도 다른 사람이 할 수 없는 무엇인가를 감당하고 있기 때문이다. 당장 한 사람을 같이 비난하고 정죄하기보다 그 사람의 장점을 찾아 부족함을 덮을 수 있도록 돕는 것이 리더의 품격이다.

8장

□

무너진 리더의
정서 회복

지금까지 살펴본 리더의 모습은 자기를 학대함으로 관심을 끄는 사람들을 떠올리게 한다. 넷플릭스 드라마 〈소년 심판〉에서 청소년 회복 센터의 센터장은 담당 판사에게 이렇게 말한다.

"저한테 오는 아이들은 대부분 가정환경이 좋지 않아요. 집에서 상처받으면 아이들은 자신을 학대해요. 평소에는 안 했을 범죄를 저지른다거나, 나쁜 아이들과 어울리는 식으로…. 아이들도 알아요. 그러면 안 된다는 것을요. 알면서 하는 거죠. 나를 학대하는 것이, 나의 고통이, 가정에 상처가 되길 바라면서. 나 좀 봐달라고. 나 힘들다고. 왜 몰라보냐고. 사실 대부분 비행의 시작은 가정이거든요."

자기 학대는 상처에서 시작된다. 리더들이 공동체에 자기 학대를 요구하는 이유도 마찬가지다. 마음의 상처를 회복하지 못한 채 리더가 되었기 때문이다. 이 상처는 오직 성령의 은혜로 치유된다. 부활하신 예수님이 승천하신 후 마가의 다락방에 성령이 강림하셨다. 이제 우리는 이 모든 성경의 역사 가운데 당장 구해야 할 은혜를 찾아야 한다.

회복의 열쇠

부활을 믿는다는 것은 이천 년 전 예수 그리스도 십자가 보혈의 은혜가 지금 나에게도 역사하고 있으며, 내 영혼이 예수를 믿음으로 죄 사함을 얻고 구원받았음을 확신하며 감사하는 것으로 나타난다. 지금 당신이 속한 공동체가 이런 믿음을 가졌는지를 살피고, 이 믿음을 더욱 온전하게 하는 일에 집중해야 한다.

건강한 공동체는 온전한 믿음으로 모인 공동체다. 이 은혜가 한 개인의 상처를 만지고 치유한다. 이를 위해 성령의 임재를 간절히 구하자. 성령의 임재로 내 영혼이 만져져야 한다. 제자들의 영혼이 말씀으로 채워져 있을 때 성령이 임하였고, 그들은 성경과 성령의 은혜를 동시에 체험했다. 놀라운 것은 성경에 등장하는 제자들과 복음을 선포했던 이들이 하나같이 성령으로 충만했는데 그들이 전한 말씀은 바로 성경이었다. '성경의 지식'이라는 장작에 성령의 불이 붙어 활활 타오르는 충만함의 위엄을 보여 준 것이다. 전문적 기능과 합리적 조직, 건강한 소통이 있다 할지라도 은혜가 먼저다.

은혜가 전제되지 않은 공동체는 반드시 무너지게 되어 있다. 은혜도 두 가지, 즉 '성경의 역사'와 '성령의 임재'를 모두 구하고 경험해야 온전한 믿음으로 모여 더욱 건강해질 수 있다. 성경만 강조하거나 성령만 강조해서 한쪽으로 치우친 경우가 많다. 성경은 분명히 성경과 성령의 역할이 모두 필요함을 말하고 있다.

보혜사 곧 아버지께서 내 이름으로 보내실 성령 그가 너희에게 모든 것을 가르치고 내가 너희에게 말한 모든 것을 생각나게 하리라.

요한복음 14:26

성령의 임재는 성경을 깨닫게 한다. 내 영혼이 말씀으로 채워져 있을 때 말씀을 깨닫게 하시는 이는 바로 성령이다. 많은 사람이 내 안에 말씀이 없는데 성령만 임하면 성경이 깨달아지고 순식간에 위대한 설교자가 되는 줄 착각한다. 성경은 우리가 읽고, 듣고, 묵상하고, 연구하며 삶에서 행할 때 역사한다. 따라서 신앙 공동체의 정체성을 가지고 있다면 기능의 전문화, 건강한 관계와 소통을 위해 노력하면서도 본질적인 신앙을 위한 훈련이 병행되어야 한다. 신앙 공동체인데 신앙의 훈련과 영적 은혜의 공급이 없다면 세상의 많은 공동체와 차별된 영적 열매를 맺을 수 없다.

"지금 당신은 성경의 역사와 성령의 은혜를 공급받고 있는가?"

"받은 은혜를 누군가에게 전하고 있는가?"

"더 나아가 은혜 나눔의 필요성을 간절히 공감하고 있는가?"

이 질문들에 대한 답을 찾는 것이 상처가 치유되는 가장 중요한 일이 될 것이다.

●● 트라우마를 극복하라

드라마 〈김비서가 왜 그럴까〉는 두 주인공의 트라우마가 치유되는 과정을 보여 준다. 주인공인 영준과 미소는 어린 시절 한동네에 살았다. 어느 날 두 사람은 함께 납치된다. 폐가에 갇힌 두 사람은 납치범이 목을 매고 스스로 목숨을 끊는 장면을 목격한다.

이때 영준은 미소를 배려해 자신의 손으로 미소의 눈을 가려준다. 그 장면을 혼자 목격하게 된 영준은 트라우마로 인해 케이블 타이 (Cable tie)를 보면 고통스러워하고, 눈을 감으면 목을 매고 죽은 납치범이 떠올라 괴로워한다. 반면 미소는 영준의 손 사이로 어렴풋이 보인 검은색 물체를 거미라고 착각한다. 그 후로 거미만 보면 괴로워한다.

시간이 흘러 이 둘은 한 회사에서 부회장과 비서로 만나 사랑에 빠진다. 처음으로 키스를 한 날, 영준이 눈을 감자마자 트라우마가 올라와 괴로워하며 미소를 밀쳐내고 만다. 시간이 지나고 공원에서 데이트 하는 도중 둘은 다시 키스를 시도하는데 영준은 눈을 감자 여전히 트라우마가 올라온다. 그런데 미소가 여느 때와 달리 당황하지 않고 키스를 한다. 그후 영준은 자신의 트라우마가 치유된 것을 발견한다.

이 장면은 의학적으로 근거가 있다. 트라우마를 치료할 때 문제의 기억을 떠올리게 한 뒤에 이를 동시에 좋은 기억으로 바꿔주는 상황을 연출한다. 나쁜 기억이 좋은 기억으로 바뀌도록 돕기 위함이다. 영준의 트라우마는 미소의 키스로 인해 좋은 기억으로 교체된다. 이런 경우 실제로 몸의 에너지가 많이 소모되며 피곤을 느끼게 된다고 한다. 드라마 속 영준도 키스 후에 피곤함을 느끼고 차에서 잠이 든다. 이런 근거를 모른 채 드라마를 보면 갑자기 차에서 자는 영준의 모습이 의아할 것이다.

트라우마는 불치병이 아니다. 성령님은 트라우마를 고치신다.

그런 차원에서 하나님께 트라우마를 가지고 나아가는 것은 아주 중요하다. 그 고백이 성령의 역사를 경험하는 놀라운 통로가 되기 때문이다. 성령의 임재는 트라우마를 은혜의 기억으로 바꾼다.

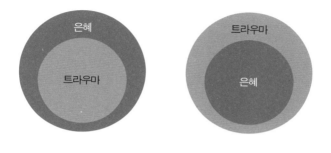

은혜와 트라우마

　　은혜와 트라우마의 관계를 그림처럼 두 가지 경우로 생각할 수 있다. 왼쪽 그림은 은혜 안에 트라우마가 있다고 생각하는 경우다. 이는 트라우마도 하나님이 다스리는 창조 세계의 영역에 있음을 의미한다. 그래서 예수님이 질병을 고치신 것처럼 트라우마도 고치신다고 믿게 된다. 오른쪽 그림은 은혜가 트라우마 안에 들어가 있다고 생각하는 경우이다. 이는 은혜를 통해 트라우마를 치료할 수 없다고 믿게 된다.

상처를 회복하라

성경에서도 이와 유사한 일들이 소개된다. 그 일들을 알아보기 전에 먼저, 예수님의 세 가지 고난을 살펴보자.

첫째는 그분이 육신으로 이 땅에 오신 것이다. 하나님의 아들이 인간의 몸으로 오신 것 자체가 고난이다. 둘째는 예수님이 공생애를 시작하시기 전, 광야에서 마귀에게 시험을 받으신 것이다. 하나님의 아들이 마귀에게 시험을 받는 것 역시 위대한 '자기 비하'이며 고난이다. 셋째는 십자가에서 고통당하시고 죽으신 것이다. 인간이 받아야 할 죄에 대한 형벌을 예수님이 대신 감당하시고 죄를 해결하셨다. 그로 인해 우리는 믿음으로 구원받는 놀라운 은혜를 얻게 되었다. 이 세 가지 고난 각각에 위대한 치유의 은혜가 숨겨져 있다.

성육신의 고난은 예수님이 스스로 아담이 되셔서 아담의 죄악을 해결하고 회복시키신 것이다. 아담은 말씀에 불순종하고 범죄했지만, 예수님은 끝까지 순종하시고 십자가에 못 박히셨다. 광야에서 받으신 시험은 이스라엘 백성이 광야에서 시험에 통과하지 못한 사건을 떠올리게 한다. 이스라엘 백성은 연약함을 안고 가나안 땅에 들어갔고, 완전히 정복하지 못했다. 그러나 예수님은 완전함을 안고 하나님 나라로 올라가셨다. 인간의 연약함이 이렇게 회복되었다. 마지막으로 십자가 고난은 예수님이 이스라엘의 멸망 시절로 돌아가신 것이다. 예수님은 그 멸망의 아픔을 스스로 경험하시고 아파하셨다.

> 나의 하나님, 나의 하나님, 어찌하여 나를 버리셨나이까.
> 마태복음 27:46

예수님이 십자가에서 외치신 이 말은 이스라엘이 멸망할 때 하나님께 외친 소리였다. 인간이 죄로 멸망한 것을 예수님이 십자가에서 죽으심으로 구원하셨다. 또한 인간의 죽음을 회복시키셨다. 이스라엘의 멸망은 인간의 죽음을 상징한다. 하지만 예수님은 심판과 저주의 죽음을 축복과 구원의 죽음으로 회복시키셨다. 이처럼 예수님은 역사 속 인간의 실패 현장으로 직접 가서서 하나하나 모두 회복시켜 놓으셨다.

삼위일체 하나님이 누구신가. 하나님은 세상을 창조하신 분이다. 이는 곧 시간과 공간까지 무에서 유로 창조하신 분이라는 의미다. 시간을 창조하셨다는 것은 시간을 초월하신 분이며, 시간에 매이지 않는 분임을 의미한다. 따라서 우리 인생의 과거와 미래도 그분이 주관하신다. 물론 미래의 경우 운명을 정해 놓고 주관하지 않으신다. 인간의 의지로 인간이 선택하게 하신다.

대신 하나님이 구원하신 그분의 자녀는 '성도의 견인'이라는 놀라운 은혜로 결국 하나님 나라의 백성이 되도록 작정하고 인도하신다. 이것은 그분의 의지이다. 반대로 과거도 그분이 주관하신다. 과거의 상처는 시간의 주인이신 하나님만 만지실 수 있다. 하나님은 은혜를 가지고 과거의 상처로 인한 트라우마를 만지고 치유하신다. 오직 성령의 임재만이 이 일을 감당할 수 있다. 이것이 상처와 트라우마를 성령의 임재 가운데 맡기고 의지해야 하는 이유다. 예레미야는 예레미야 애가를 쓰며 자신의 상처가 치유되었음을 고백한다.

> 내 고초와 재난 곧 쑥과 담즙을 기억하소서 내 마음이 그것을 기억하고 내가 낙심이 되오나 이것을 내가 내 마음에 담아 두었더니 그것이 오히려 나의 소망이 되었사옴은 여호와의 인자와 긍휼이 무궁하시므로 우리가 진멸되지 아니함이니이다. 예레미야애가 3:19~22

그는 상처 가운데 괴로워했으나 상처가 소망으로 바뀌는 놀라운 은혜를 경험한다. 이 은혜가 오늘 당신에게 동일하게 역사한다. 당신이 지금 당장 무릎을 꿇고 기도해야 하는 이유다.

성향을 통제하라

지금까지 계속해서 리더의 정서가 건강해야 하는 당위성을 이야기했다. 리더가 뛰어난 기능도 있고 신앙도 있지만 정서가 무너져 있다면 그 기능과 신앙이 건강하게 활용될 수 없다. 본질적으로 건강한 신앙을 가진 리더라면 그의 정서 역시 건강할 것이다.

하지만 이는 가장 기본적인 신앙 상태를 말한 것이지, 정서의 건강함을 당연하게 생각할 만큼 깊은 신앙을 말하는 것은 아니다. 그런 차원에서 정서적 헌신의 원리는 별도로 다뤄져야 한다. 정서의 문제가 교회 공동체에서 어떻게 드러나는지는 앞서 살펴보았고, 지금부터는 건강한 정서에 관한 이야기를 해 보자.

건강한 정서는 기본적으로 의학상으로 문제가 없어야 한다. 우울증, 조울증, 대인기피증, 공황장애, 편집증, 강박증, 분노조절장애 등은 현대인에게 익숙하다. 많은 이들이 경미하게 이러한 증상들을 가지고 살아가는 시대다. 따라서 이런 증세가 없어야 한다는 원론적인 기준보다는 현실적으로 이런 증세를 스스로 통제할 수 있는지를 봐야 한다. 스스로 잘 통제하여 어떤 상황에서도 공동체에 피해를 주지 말아야 한다.

《정서적으로 건강한 교회》의 저자 피터 스카지로(Peter Scazzero)는 책의 서문에서 자신을 이렇게 소개한다.

"거의 20년간 나는 영적 성장과 하나님과의 관계에서 정서적인 요소를 무시해 왔다. 아무리 많은 책을 쓰고 아무리 열심히 기도를 해도 내적 삶의 변화를 위해 예수 그리스도께 나 자신을 맡기기 전까지는 고통과 미성숙의 패턴이 반복될 수밖에 없었다. 내삶이 빙산과 참 많이 닮았다고 생각했다. 표면 아래에 숨은 거대한 덩어리는 보지 못하고 그저 빙산의 일각만 보고 살아왔으니 말이다. 그 숨은 덩어리가 내 가족과 리더십을 얼마나 망가뜨리고있는지 전혀 깨닫지 못했었다."

그는 자신의 정서가 무너진 것을 알고 난 뒤에는 그 정서의 회복에 최우선으로 집중했다. 그가 책에 소개한 구체적인 대안은 먼저 내면의 쓴뿌리들을 하나님 앞에 맡기고 회복을 구할 것, 사역과 가정을 분리하지 말 것, 무엇보다 하나님과의 진정한 연합을 이룰 것, 그리고 사역을 잠시 멈추고 하나님 앞에서 안식할 것 등이다. 그리고 시리즈로 출간된《정서적으로 건강한 리더》에서는 다음 일곱 가지 원칙을 제시한다.

원칙 1 : 이면을 들여다보라.

원칙 2 : 과거의 부정적인 영향력을 차단하라.

원칙 3 : 깨지고 상한 심령으로 살라.

원칙 4 : 한계라는 선물을 받아들이라.

원칙 5 : 슬픔과 상실감을 받아들이라.

원칙 6 : 성육신적인 삶의 본을 보이라.

원칙 7 : 천천히, 그리고 진심을 담아 이끌라.

그는 자신이 직접 문제를 경험하고 스스로 답을 찾았다. 성공한 목회자가 자신의 정서적 문제에 대해 정직하게 대면한 점은 한국교회 리더들이 본받아야 할 중요한 태도다.

정서적 건강과 성향의 관계

앞서 언급한 정서적 질병은 후천적 원인에 의해 발생했다. 우울증을 가지고 태어나는 사람은 없다. 그러나 분명 선천적인 원인도 있다. 바로 자신의 기질적 성향이다. 어릴 때부터 욕심이 많은 아이가 있다. 만약 부모가 아이가 원하는 대로 부족함 없이 다 채워 주었다면 그는 이기적이고 욕심 많은 어른이 될 것이다. 이러한 경우는 정서적 질병인가? 만약 이런 성향의 사람이 리더가 된다면 자신의 목표가 곧 공동체의 비전이 될 것이다. 자신의 욕심이 곧 공동체의 비전으로 확장되는 것이다. 이 욕심이 겉으로 볼 때 선한 목적이라면 사람들은 더더욱 의심하지 않는다. 그러나 목적만 선하면 아무 문제가 없을까?

리더가 비전을 품고 최선을 다했지만 때로 결과를 내지 못할수 있고, 하나님이 이를 막으실 수도 있다. 정한 기간을 넘길 수도 있고, 아무런 성과도 내지 못하고 중간에 포기해야 할 수도 있다. 문제는 이런 경우의 수가 그에게는 통하지 않는다. 그는 이미 마음속으로 결론을 내렸기 때문에 무슨 일이 있어도 자신이 정한 결과를 이루고자 할 것이다. 이 과정에서 공동체에 무리한 요구를 하게 된다. 공동체는 리더의 비전을 이루고자 헌신하지만 그를 만족시키지 못한다. 그 결과, 공동체를 기다리고 있는 것은 혹독한 비판과 징계다. 리더는 불만족스런 결과를 공동체 탓으로 돌리고 잘못을 뒤집어씌울 사람을 색출하기 시작한다. 공동체의 경쟁심은 이런 과정에서 비롯된다. 자기 욕심에 눈이 먼 리더의 성향이 재앙을 가져오는 것이다.

리더는 자기 욕심보다 공동체를 더 위에 놓아야 한다. 포기하고 물러날 줄도 알고, 자기 의견을 양보할 줄 알아야 한다. 기다릴 줄 알아야 하고 반성할 줄 알아야 한다. 무엇보다 하나님의 뜻을 분별할 줄 알아야 한다. 그것이 공동체가 하나님의 은혜 안에서 운영될 수 있는 결정적인 요인이다. 리더는 절대로 자신의 성향에 공동체를 끼워 맞춰서는 안 된다. 오히려 공동체의 성향에 리더가 맞춰야 한다.

물론 서로가 한 발씩 양보하여 더욱 건강한 기준에 맞춰야겠지만 공동체의 성향은 리더 한 사람의 성향보다 더 조율하기 어렵다. 이 때문에 리더의 성향이 조금 더 공동체로 맞춰지는 것이 먼저다. 지금 당장 자신의 성향에 대한 공동체의 의견을 물어보라. 공동체가 객관적으로 그것을 어떻게 바라보고 있는지 반드시 확인해야 한다. 이를 위해 공동체 안에 이런 이야기를 나눌 수 있는 사람이 꼭 필요하다.

탑 리더 혼자서 모든 것을 결정하고 책임지는 1인 중앙집권 체제를 벗어나 리더의 권한과 책임을 잘 분배하여 공동체 안에서 소통이 원활해지도록 해야 한다. 이 지점에서 서브 리더의 중요성이 강조된다. 즉, 탑 리더가 서브 리더를 얼마나 잘 활용하는가에 따라 공동체 운영의 건강도가 결정된다. 서브 리더는 공동체의 뒷담화, 고자질 등 각종 정보의 가장 가까이에서 활동한다. 공동체의 소리를 듣고 가장 정직하게 전해 줄 서브 리더는 그래서 중요하다. 리더는 자신을 향한 공동체의 목소리를 전달해 줄 서브 리더를 찾되, 가장 신뢰할 수 있는 사람이어야 한다. 서브 리더는 리더의 정서적 문제 해결을 시작으로 공동체의 여러 운영 방법에서 중요한 역할을 한다. 다음 장에서는 서브 리더를 어떻게 활용할 수 있는지 살펴보자.

9장

◇

권한과
책임 분배의 원리

미래형 리더가 되기 위해서는 공동체가 오랫동안 건강하게 운영될 체제로 준비되어야 한다. 가장 중요한 것은 리더를 도울 동역자를 잘 세우는 일이다.

동역자를 세우는 것은 제자훈련에서 가장 중요한 개념이다. 리더 혼자 가르치는 것이 아니라 서브 리더를 세워 함께 동역하는 것이다. 서브 리더는 탑 리더의 권한과 책임을 대행하는 역할을 맡는다. 이때 서브 리더에게 어느 정도의 권한과 책임이 위임되는가에 따라 공동체의 운영이 차별화된다. 또한 위임의 정도에 따라 크게 두 종류의 공동체로 구분된다.

첫 번째는 서브 리더에게 최대한의 권한과 책임이 위임되는 경우로, 이를 '서브 리더 중심 공동체'라고 한다. 두 번째는 서브 리더에게 최소한의 권한만 위임되는 경우로, 이를 '탑 리더 중심 공동체'라고 한다. 후자의 경우는 과거형 리더십에서 흔히 볼 수 있는 유형이기 때문에 여기서는 '서브 리더 중심 공동체', 즉 미래형 공동체로 나아가는 출발점을 살펴보자.

●● 권한과 책임 분배의 필요성

서브 리더 중심의 교회는 대부분 담임목회자가 탑 리더이고 부교역자나 평신도 사역자가 서브 리더이다. 최근 한국교회는 대형 교회부터 개척 교회까지 모두 서브 리더 활용에 적극적이다. 과거

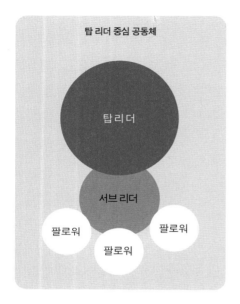

탑 리더 중심 공동체

탑 리더

서브 리더

팔로워

팔로워

팔로워

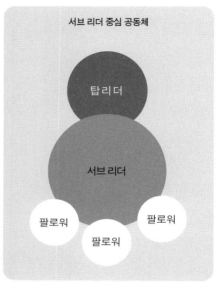

서브 리더 중심 공동체

탑 리더

서브 리더

팔로워

팔로워

팔로워

에는 이런 구조가 교회를 세속화한다는 오해를 받았지만 지금은 권한과 책임이 건강하게 위임되는 모델로 환영받고 있다.

공동체가 일정 규모 이상 커지면 젊은 리더 혼자 모든 것을 감당할 수 없다. 우리 사회는 점차 협동과 동역의 문화로 나아가고 있다. 지금 젊은 세대 목회자들은 어린 시절부터 이러한 문화 속에서 성장했다. 그들은 공동체가 어느 정도 규모가 생겼는데도 사람을 더 세우지 않거나 위임을 하지 않게 되면 공동체 구성원들의 지지를 받지 못할 것을 안다. 리더 혼자 많은 일을 하게 될 경우 구성원들과 소통도 안되고 운영의 미숙함이 드러남에도 불구하고 자기 이외의 리더가 세워지는 것을 반대한다. 이는 자신에 대한 과도한 자신감이 있거나 새로운 리더를 향한 질투심이 중요한 원인이 된다. 이런 상황이 되면 공동체는 서브 리더의 필요성을 스스로 인지한다. 그리고 리더가 공동체보다 자신을 더 위하는 모습으로 인식하고 리더를 불신하게 된다.

물론 이런 이기적인 성향의 리더나 위임하지 않으려는 모순된 리더도 여전히 존재하지만, 많은 리더들이 더는 이 점을 가볍게 생각하지 않는 분위기다. 만약 서브 리더를 세웠지만 권한과 책임에 대한 위임이 잘 분배되어 있지 않다면 탑 리더와 서브 리더 간에 다양한 문제가 발생하고 둘 사이가 갑을 관계로 변질되어 상처 받을 일이 많아진다. 심지어 공동체가 깨지는 경우도 있다. 내가 아는 D교회 부목사들 사이에 유행하는 말이 있다.

"설교할 때 홈런 치지 마라."

부목사가 설교를 너무 잘하면 안 된다는 뜻이다. 이 교회에서 부목사들은 성도들과 외부에서 식사할 수 없다. 담임목사가 동행하지 않은 심방도 불가하다. 김장하느라 수고하는 성도에게 음료수를 돌려서도 안 된다.

F교회의 서브 리더들은 한 가지 교훈을 입에 달고 다닌다.

'불가근불가원(不可近不可遠).'

성도들과 너무 친하게 지내지도 말고 너무 멀어지지도 말라는 것이다. 대체 뭘 어쩌라는 것인가? 애매하고 추상적이고 주관적인 권한 분배다. 마치 "느낌 알지?" 하며 알아서 일하라는 식이다.

이런 위임은 사라져야 한다. 교회 밖 세상에는 정확한 매뉴얼이 있다. 회사에서 쓰는 '직무 설명서'라는 표현에서 보듯이 권한과 책임의 분배를 위해 지침서를 만든다. 아쉽게도 교회에서는 이런 매뉴얼을 찾아보기 힘들다. 일부 대형교회를 제외하고는 전문적인 수준으로 위임이 된 교회가 거의 없다. 권한이 애매하면 책임은 더 애매하기 마련이다. 문제가 생겼을 때 누가 책임을 지고 해결할까? 폭탄 돌리기 하듯 책임 돌리기를 시전할 것인가?

그나마 일부 교회에서 활용되는 매뉴얼은 기능적인 일을 위한 것이다. 예를 들면, 찬양팀 매뉴얼에는 찬양팀이 무대에 섰을 때 어떤 의상을 입어야 하며 동선은 어떻게 할 것인지, 방송팀이 예배를 중계할 때 카메라를 어떻게 활용할 것인지, 교역자들이 행사를 준비할 때 무엇을 어떻게 해야 하는지 등의 내용이다. 문제는 그 어디에도 권한과 책임에 관한 내용은 찾아볼 수 없다는 점이다. 서브 리더들은 눈치껏 알아서 탑 리더 마음에 들도록 일해야 한다. 눈빛만 보고 상대의 마음을 읽어내는 능력이 필요하다. 안타까운 일이지만 이런 사람은 흔치 않다. 하지만 자책하지 말자. 인류 역사가 전하는 한 가지 교훈이 있지 않은가.

"열 길 물속은 알아도 한 길 사람 속은 모른다."

권한과 책임 분배의 세 가지 방법

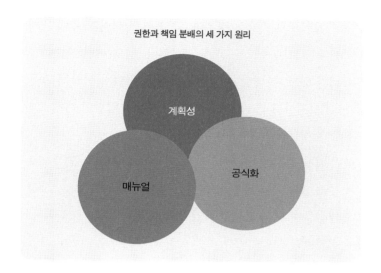

권한과 책임 분배의 세 가지 원리

계획성

매뉴얼

공식화

① 사전에 미리 계획하라

일반적으로 권한과 책임은 갑작스럽게 위임되는 경우가 많다. 예를 들어, 담임목사가 부목사에게 당일에 설교 부탁을 하는 경우다. 이런 부탁은 서브 리더가 해당 기능을 감당하기 위해 준비할 시간을 주지 못한다. 기능적 공동체인 경우에는 문제가 더욱 커질 수 있다. 반드시 물리적인 준비가 필요한 일이거나, 그 결과가 서브 리더에게 마이너스 요인이 될 수 있는 상황이라면 어떤 문제가 발생할까? 서브 리더 입장에서는 자신이 배려받지 못한 것을 넘어 고의적인 갑질로 여길 수 있다.

기업에서도 상사가 직원들에게 이런 갑질을 하는 경우가 있다.

상사가 고의로 직원이 감당하지 못할 일을 위임하면서 그것을 직원의 무능력으로 비난하거나 자신의 승진을 위해 경쟁자를 누르기 위한 목적으로 이용한 경우다. 그냥 그 직원이 마음에 들지 않아서 본때를 보여 주고픈 것일 수도 있다. 설령 이런 불순한 의도가 아니라 해도, 부탁받은 사람의 입장은 어떨지 생각해 봐야 한다. 이때는 지시의 의도보다 지시받은 사람의 입장이 더 중요하다는 점을 놓쳐서는 안 된다.

이런 일을 방지하기 위해서라도 계획이 필요하다. 연간으로 시작해 분기, 월간, 주간 계획 등 사전 계획을 세워야 한다. 사전 계획에 최선을 다했지만 돌발적인 위임 상황이 생길 수도 있다. 그러나 위임받는 사람이 부득이한 상황을 인지하고 이해할 수 있다면 탑 리더와 서브 리더 사이의 신뢰는 무너지기는커녕 최선을 다하는 과정에서 더욱 견고해진다.

나는 부교역자, 즉 서브 리더로 오랜 세월을 보냈다. 부교역자에게 가장 많이 위임되는 것은 설교다. 나중에는 익숙해졌지만 초창기에는 미처 예상하지 못해 많은 어려움을 겪었다. 담임목사 또는 기관의 대표가 사전에 아무런 양해 없이 갑자기 설교를 맡기는 일이 많았다. 처음 설교를 위임받았을 때다. 저녁 7시에 수백 명이 모이는 예배가 있는 날이었다. 오후 5시가 다 되었을 무렵 리더에게서 전화가 왔다.

"오늘 컨디션이 좋지 않으니 대신 설교를 부탁해요."

나는 당황스러웠지만 솔직한 내 입장을 말했다.

"설교 준비를 할 시간이 없습니다."

대표는 최후 수단으로 내가 과거에 했던 설교를 다시 하기를 제안했고, 뾰족한 대안이 없던 나는 그렇게 하기로 했다. 신앙 공동체는 하나님의 현재적 임재를 강조한다. 그렇다면 '오늘 지금 이 모임'에 맞는 말씀을 선포해야 하지 않겠는가. 이를 위해 기도하고 준비해야 함은 물론이다. 이런 모든 과정을 생략하고 과거의 설교문을 찾으려니 마음이 무거웠다. 이런 일들이 몇 번 있고 나서는 미리 준비하기 시작했다. 습관이 들고 나자, 언제 어떻게 설교를 부탁받아도 감당할 수 있게 되었다. 하지만 여전히 설교 당일 긴급하게 설교 부탁을 받는 게 아쉬웠다. 미리 기도로 연구하고 준비한 설교와 시간에 쫓기며 급히 준비한 설교는 분명 정확도와 영적 묵상의 깊이가 다를 수밖에 없기 때문이다.

시간이 흘러 나는 담임목사가 되었다. 매주 화요일이면 주중 예배와 주일 예배의 설교 제목, 본문 등을 미리 준비한다. 준비한 내용을 예배 인도자들, 자막을 준비하는 방송팀에게 전달한다. 주일 설교를 일요일에 한다고 해서 데드라인을 토요일 오후로 잡는다면, 예배 인도자는 토요일 밤부터 주일 새벽까지 곡을 생각하고 방송팀은 그 후에 자막을 만들어야 할 것이다. 그동안 이런 일을 수없이 목격하면서 스태프들이 얼마나 힘든지 봐 왔다. 그래서 나는 부교역자에게 설교를 부탁해야 할 때는 최소 한 달 전에 이야기한다. 물론 마음처럼 안될 때도 있지만, 서로 간의 '최선'이라는 신뢰가 있기에 편하게 부탁한다. 미리 알려 주어서 설교를 잘 준비하라는 의도도 있지만, 사람을 키우고 훈련하는 데 가장 중요한 덕목이 '배려'임을 배웠으면 해서다. 잘하기 힘든 환경을 주고 무조건 돌파하기를 바라는 식의 리더십은 이제 사라져야 한다. 잘할 수 있는 환경을 제공해 주는 것, 이것이 미래형 리더의 중요한 역할이다.

② 공식적으로 선포하라

공식적이어야 한다는 것은 공동체 모두가 확실히 인지할 수 있어야 한다는 뜻이다. 공식적인 위임이 필요한 경우는 크게 아래 세 가지로 나눌 수 있다.

---

1. 권한과 책임이 큰 경우

2. 위임의 기간이 긴 경우

3. 공동체의 협조가 필요한 일인 경우

첫째로, 책임이 큰 위임은 상위 리더를 대표하는 일이다. 이는 위임하는 리더의 위치와도 연결된다. 탑 리더의 위임이냐 하위 조직에서 위임되는 일이냐의 차이다. 탑 리더의 위임이라면 당연히 공동체 모두가 알아야 한다.

어떤 사람이 아버지를 대신하여 은행에 갔다. 은행은 계좌 조회를 위해 아버지의 신분증을 요구할 것이다. 인감이 사용되는 경우에는 더욱 확실한 서류가 필요하다. 반면 아버지 대신 이웃집에

심부름 갈 때는 그런 서류가 필요하지 않다. 교회가 연초에 기능적 업무를 담당할 서브 리더들을 임명할 때 비공식적으로 진행할 수는 없다. 그렇다면 탑 리더를 대표하여 무대에 올라 발표하거나 설교하는 일은 어떤가? 이 역시 탑 리더에 대한 대표성과 상징성을 가진 일이다.

두 번째, 위임 기간이 긴 경우를 살펴보자. 탑 리더가 1년간 안식년을 떠난다든지, 혹은 갑자기 건강이 좋지 않아 회복될 때까지 시간이 필요한 경우라면 어떨까? 기간이 길어도 혹은 기간이 명확하지 못해도 동일하다.

내가 서브 리더로 섬기던 당시 우리 교회는 주일 예배가 4부까지 있었다. 나는 이 모든 예배에 참석하여 돌발적인 상황에 대처하는 역할을 맡았다. 돌발적인 상황이라 함은 새로운 방문자를 파악하는 일에서부터 갑자기 설교하는 일까지 그 폭이 상당히 넓었다. 1년이 흘러 한 해를 마무리하며 위임받은 일들을 평가하는 시간이 되었다. 나는 지난 1년간 4부 예배에 모두 참석하면서 있었던 다양한 일, 특별히 앞으로 개선해야 할 사항들을 보고했다. 보고를 들은 리더가 말했다.

"그 일을 1년 동안 계속했다고? 나는 몇 번 하다가 끝난 줄 알았는데?"

나는 순간 생각했다.

'1년 동안 내 수고는 헛된 것이었나?'

한편으로는 리더가 일의 기간을 미리 정해 주지 않았던 것이 아쉬웠다. 그랬다면 불필요한 고생을 하지 않았을 텐데 말이다. 반면 리더는 내가 먼저 기간을 확실하게 물어봤어야 했다고 했다. 배당된 일의 기간을 체크하는 것까지 서브 리더인 내가 할 일이라는 뜻이었다. 당시 나는 그 말에 동의하긴 했지만, 내가 탑 리더가 된 지금은 일을 위임할 때 내가 먼저 정확한 기간을 정한다. 그리고 연장할지 말지 여부도 말해 준다. 만약 그렇게 하지 않았을 경우 사과한다. 왜냐하면 내가 위임했고, 그것은 원래 나의 일이기 때문에 내가 챙겨야 한다고 생각한다. 나는 위임한 사실을 잊지 않으려고 항상 메모하고 전자 달력에 기간을 기록해 둔다. 그것은 동역자를 향한 나의 배려이며 나아가 나의 리더십이 존중받는 도구이다.

세 번째는 위임받은 자에게 공동체의 협조가 필요한 경우다. 한 대형교회에서 일어난 일이다. 이 교회에는 장년부와 청년부 예배용 주보가 따로 있었고 부서에 각각 주보 담당자가 있었다. 주보는 자체적으로 제작하여 교회의 복사기를 사용하여 인쇄했다. 인쇄 분량이 많아 교회 모든 복사기를 동시에 사용해야 했다. 그래서 두 사람은 서로 협의하여 주보 인쇄 시간을 조율했다. 만약 서로 겹치면 복사기 사용에 문제가 생기기 때문이다. 장년부는 매주 토요일 오전에, 청년부는 토요일 오후로 시간을 잡았다. 그러던 어느 날, 갑자기 장년부 주보 담당이 출장을 가면서 토요일 아침에 급하게 다른 집사님에게 출력을 부탁했다. 일을 부탁받은 집사님은 허겁지겁 교회로 달려갔으나 이미 토요일 오후였다. 빨리 주보를 인쇄해야 한다는 생각에 복사기를 돌리기 시작했다. 그때 청년부 주보 담당이 복사실에 들어왔다. 여기서 다툼이 일어났다. 청년부 담당은 왜 사전에 약속된 대로 오전에 인쇄하지 않았는지를 따졌고, 장년부 집사님은 자신이 급하게 연락받았기 때문에 그런 상황을 몰랐다고 했다. 그리고 인쇄를 시작했으니 기다리라고 했다. 청년부 담당은 화가 나서 출장을 간 장년부 담당에게 전화해 따졌다. 장년부 담당은 사과했지만 이 일로 서로 앙금이 남게 되었다.

문제의 발단은 무엇인가? 장년부 주보 담당이 급하게 위임한 것은 갑작스러운 출장 때문이었다. 이때 그는 일을 위임하면서 한 가지를 더 생각했어야 했다. 청년부 담당에게도 연락하여 시간을 조율하는 것이다. 그것도 어렵다면 위임한 사람에게 자신을 대신하여 청년부 담당과 상의하라고 말했어야 했다.

나는 갑자기 위임할 일이 있을 때 카톡을 활용한다. 관련된 두 사람을 초대하여 상황을 함께 전달받게 한다. 그리고 조율해야 할 부분을 체크한다. 그러면 두 사람에게 공식적으로 소식이 전달되고 그와 동시에 조율해야 할 점들이 전달된다. 이런 사소한 일들을 절대로 가볍게 생각해서는 안 된다. 사람의 마음은 작은 것에서 큰 상처를 받을 수 있기 때문이다.

③ 구체적인 매뉴얼을 만들라

매뉴얼은 어떤 제품의 사용법이나 기능 등을 알기 쉽게 설명한 문서를 말한다. 사역과 업무에 대한 매뉴얼은 이미 보편화되어 있다. 앞서 살펴보았던 현재형 리더십은 이 매뉴얼에 최적화된 리더다. 대형 공동체일수록 매뉴얼은 체계적이다. 전작인《팀사역의 원리》(CLC)에서 다룬 찬양팀 내규처럼, 공동체 안에서 서로 간의 약속을 정리한 매뉴얼도 보편적이다.

그러나 권한과 책임에 대한 매뉴얼은 아직은 생소하다. 물론 리더의 모든 위임을 서류화할 수는 없다. 작은 위임들까지 서류로 만든다면 업무의 효율성을 위한 일이 오히려 효율성을 떨어뜨리는 일이 될 수 있다. 효율적인 매뉴얼이 필요한 이유다.

최소한 개인 간 구두 위임을 피하자는 취지로 몇 가지를 추천하고 싶다. 먼저, 문자로 근거를 남기자. 지금까지 가장 많이 사용된 통로는 이메일이다. 이메일은 자료를 계속 저장해 둘 수 있기 때문이다. 문자나 카톡 등은 오랫동안 저장이 어렵고, 밴드와 카페는 클릭 한 번에 확인이 어려워 속도전에서 밀렸다. 하지만 지금은 소통에 활용 가능한 다양한 방법이 생겼다. 카카오톡 등 소통을 위한 SNS는 이미 이런 기능을 적용하고 있다. 카카오톡은 '팀채팅' 기능을 이용하여 기존 단톡방의 한계를 보완했다. 단톡방에서 공지된 글들을 자동으로 저장하는 기능을 추가했다. 특히 파일이나 이미지가 저장되기 때문에 모든 구성원이 수시로 확인 및 다운로드를 할 수 있다. 이런 기능을 활용한다면 단톡방에서 위임 내용을 공지하기가 편하다. 나는 담임목회자로서 찬양팀과 소통할 때 단톡방을 사용한다. '사역의 10계명' 같은 정기적인 공지글과 매주 설교 정보를 게시한다. 혹은 찬양 리스트를 공유하고, 질문을 받는 통로로 사용하기도 한다. 청소년들은 카톡보다 페이스북 메신저를 더 많이 사용한다. 이를 활용하여 소통하면 스마트폰 문자 기능보다 더 빠르게 소통할 수 있다.

위임을 문자로 공지하는 것에는 한계가 있다. 무엇보다 일반적인 지침이 아닌 특정 대상에 관한 피드백을 하는 경우다. 찬양팀의 예를 들어보자. 예배 리더에게 몇 가지 지적 사항을 전달해야 할 때 단톡방에 지적의 글을 남길 수는 없다. 그런 경우는 당연히 직접 만나야 한다. 예배 리더나 보컬팀, 밴드팀 등 특정 파트 멤버들에게 몇 가지 지침을 전달하고자 할 때도 마찬가지다. 칭찬이나 기능적인 부분은 단톡방에 남길 수 있다. 하지만 고쳐야 할 사항이나 배려가 필요한 부분은 따로 만나서 이야기하는 것이 좋다.

우리 교회 찬양팀은 필요할 때마다 미팅을 한다. 여러 명의 예배 리더들과는 정기적으로 미팅을 한다. 그때 서로 보완해야 할 점들을 나눈다. 모임 중에 정리한 내용은 단톡방에 다시 남긴다. 그렇게 되면 단톡방을 이용한 공지라는 큰 틀은 동일하지만 만나서 소통하여 서로를 배려하는 과정이 추가된다. 과거형 소통 수단이 구두(口頭)이고, 현재형 소통 수단이 단톡방이라면, 미래형 소통 수단은 만남과 단톡방의 복합적 형태라고 할 수 있다.

결론은 소통에 더 많은 에너지를 쏟아야 한다는 의미다. 가능한 모든 수단을 이용하여 다양한 방식으로 소통해야 한다. 정서의 시대에 소통의 중요성은 아무리 강조해도 지나치지 않다. 개인적

으로 대화하고, 함께 만나고, 정리해서 모임의 결과를 공유하는
것으로 위임의 매뉴얼을 삼아야 한다.

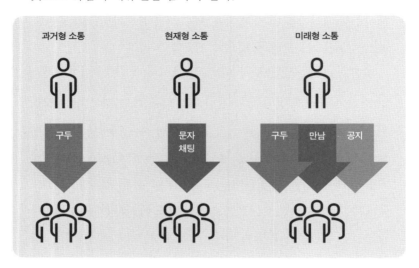

권한과 책임 분배의 모델

최근 한국교회 많은 문제는 크게 '재정'과 '이성'이라는 두 가지
이슈로 정리할 수 있다. 여기에 교회 내 관계와 소통 문제가 겹치
면서 많은 갈등을 일으키고 있다. 이러한 다양한 문제로 인해 교
회 내 이슈들이 밖으로 쏟아져 나오기 시작했고, 이에 대한 새로
운 대안을 찾아야 한다는 목소리가 높아졌다.

교회의 문제를 해결하기 위한 대안이 아닌 문제를 덮고 지나가
기 위한 목적으로 대안을 찾던 교회들은 실패했다. 교회의 성경적

모델은 가장 먼저 책임과 권한의 분배로부터 시작되는데, 그와 반대로 책임과 권한을 분배하지 않으려는 발상에서 대안을 찾으려 했기 때문이다. 예를 들어, 몇몇 대형교회를 중심으로 기존 탑 리더 중심의 조직구조를 유지하기 위해 교회를 세습하고, 직분자들이 사역의 전문성을 기반으로 해당 분야의 영향력을 가지고 의견을 내는 것을 견제하기 위해 기존 직분제를 거부하는가 하면, 성경 해석 보급이 보편화되면서 목회자의 설교를 분별하는 일을 견제하기 위해 성경공부 무용론을 주장하는 일들이 대표적이다.

어떤 경우에는 이런 문제들이 제기될 때 그동안 교회가 감당하고 있던 구제나 사회사업의 선한 영향력을 꺼내 들면서, 제기된 문제들을 받아들이지 못하는 일들도 있다. 그러나 교회는 드러나는 문제 자체를 해결하는 일에 집중해야 한다. 그간의 공로를 위로로 삼거나 교회 역사와 전통에 근거를 두어서는 안 된다. 우리가 찾아야 할 대안은 오직 성경에 있으며, 성경에서 제시하는 모델을 찾고 적용하는 것이 가장 올바른 대안이다.

성경에 나오는 첫 번째 모델은 사사기에 등장하는 이스라엘이다. 이스라엘에게 가나안은 하나님 나라의 모형이었다. 따라서 가나안 정복은 하나님 나라의 모형을 세워가는 일이었고, 가나안 정복의 실패는 하나님 나라보다 세상의 나라를 더 소망했던 이스라엘의 죄악에 따른 결과였다. 출애굽 1세대는 출애굽 이후 약 40년 동안 거친 광야 가운데 지내며 혹독한 신앙 훈련을 받았다. 그러나 가나안 땅에 들어간 것은 오직 여호수아와 갈렙뿐이었다. 가나안에 들어갈 믿음이 있느냐의 여부가 그 기준이었다.

출애굽 1세대는 40년의 세월에 대한 보상심리를 가지고 있었을 것이다. 그 보상심리가 죄악의 원인이 되었다. 마치 지금 몇몇 교회가 드러난 문제 앞에서 "그래도 우리는 공로가 있잖아요"라고 하는 것과 다를 바 없다. 그렇다면 가나안 땅으로 들어갈 때 하나님이 세우신 대안은 무엇이었는가? 하나님은 이스라엘을 지키기 위해 땅을 분배하고, 열두 지파가 각각 분배받은 땅을 독립적으로 지키도록 하셨다. 기존에 모세와 여호수아를 연합 공동체의 리더로 세우셨다면, 가나안 이후에는 열두 지파로 나누고 지파별로 리더를 세우셨다. 이로써 이스라엘이 한꺼번에 타락하는 일을 막으셨다. 이렇게 하나님은 한 지파가 타락했을 때 다른 지파들이 나서서 이를 해결해 나가는, 이른바 책임과 권한이 분배된 구조를 모델로 제시하신 것이다. 사사기를 통해 찾을 수 있는 권한과 책임의 분배 방법은 각 기능에 최적화된 작은 그룹, 곧 '팀'(Team)이다.

교회 안의 팀은 일반적으로 당회, 재정, 행정, 관리 등으로 구분된다. 중소형 공동체의 경우 이렇게 팀으로 조직되어 있지 않은 경우가 많다. 당회는 이름만 당회일 뿐 실제로는 목사님 한 분인 미조직 공동체가 많다. 이럴 때는 당회를 대신할 수 있는 운영 위원회, 임시 위원회 등을 별도로 조직해야 한다. 재정팀이라고는 하지만 실제로는 집사님 한 분이 입출금과 장부 정리를 다 하는 경우도 많다. 입출금과 장부를 같은 사람이 하면 재정 관리가 투명하게 이루어지지 않을 가능성이 커서 반드시 따로 사람을 세워

업무를 구분해야 한다. 비단 이 두 경우 말고도 어떤 목적을 갖고 모이든지 둘 이상의 사람으로 이루어진 팀사역이 필요하다.

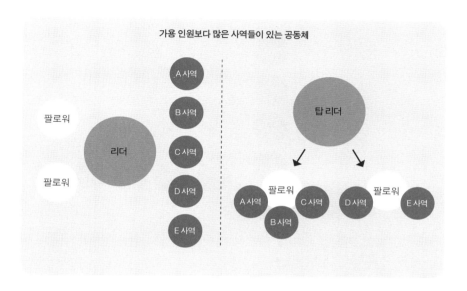

가용 인원보다 많은 사역들이 있는 공동체

필요성을 알면서도 팀을 만들 수 없는 가장 큰 이유는 사람이 없다는 점이다. 여기서 반드시 질문해야 할 것이 있다.

"그렇다면 사람이 없는데 왜 일은 많은가?"

사람이 적은 소형 공동체가 일은 중형 공동체 이상 하려고 하면 당연히 팀을 조직할 수 없다. 따라서 최대한 가용할 수 있는 인원 안에서 팀을 조직해야 한다. 이를 위해서는 업무를 먼저 만들어 놓고 사람을 세우는 순서에서 역으로 사람을 세워놓고 업무를 분담하는 순서가 더 효과적이다. 작은 공동체라면 필수 업무를 최소화해서라도 팀을 조직하는 것이 중요하다. 이것이 권한과 책임을 분배하기 위한 전제 조건이기 때문이다.

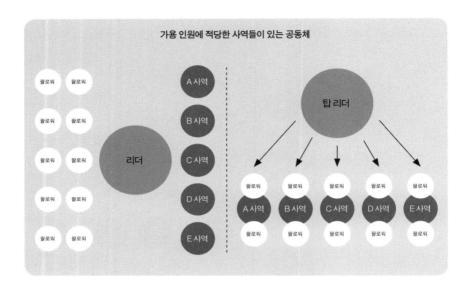

성경에 나오는 교회 공동체의 두 번째 모델은 초대교회를 통해
찾을 수 있다. 초대교회는 직분이라는 새로운 제도를 적용했다.
열두 제자는 사람들이 모이기 시작하자 직분 제도로 교회를 운영
했다. 직분별로 권한과 책임이 구분되도록 구체적인 직분의 자격
과 사역을 준 것이다. 이는 마치 가나안 땅에서 땅을 분배한 것과
같다. 직분은 감독, 장로, 집사로 구분된다. 그리고 각각의 고유한
역할이 구분되어 있다. 특히 감독은 교단에 따라 감독, 또는 목사,
또는 감독, 목사, 장로로 구분된다.

이런 성경적 구분에 충실한 공동체를 만드는 것이 중요하다. 비
록 빌립보교회 안에 유오디아와 순두게의 다툼처럼 사사로운 문제

들이 있었지만, 복음의 전진에 힘쓰라는 사도 바울의 권면과 그가 본을 보인 삶을 통해 초대교회는 복음이라는 본질에 집중할 수 있었다. 사도 바울은 교회의 머리가 예수 그리스도이심을 강조한다.

그는 몸인 교회의 머리시라 그가 근본이시요 죽은 자들 가운데서 먼저 나신 이시니 이는 친히 만물의 으뜸이 되려 하심이요. 골로새서 1:18

성도는 교회라는 몸의 지체가 되어 각자 분량에 맞는 섬김으로 교회를 이루어 가면 된다.

그에게서 온 몸이 각 마디를 통하여 도움을 받음으로 연결되고 결합 되어 각 지체의 분량대로 역사하여 그 몸을 자라게 하며 사랑 안에서 스스로 세우느니라. 에베소서 4:16

이처럼 성경은 교회 공동체의 모델을 분명히 제시하고 있다.

10장

□

교육과 성장의 원리

성장하는 공동체로 인도하라

리더는 공동체의 전문화를 이끌 수 있어야 한다. 특정한 기능적 사역을 하는 공동체의 리더라면 해당 기능에 대한 전문성을 가져야 한다. 하지만 앞으로는 개인의 전문성에만 국한하여 판단해서는 안 된다. 함께 사역할 공동체와 어떻게 지속적으로 성장해나갈지가 더해져야 한다. 즉, 리더는 공동체가 그 전문성을 배우며 성장해나가도록 이끌어야 한다. 이것이 바로 '공동체의 전문화 능력'이다.

그 예로 찬양팀은 한 개인의 음악성에 의존하는 경우가 많다. 물론 그 개인은 리더일 확률이 높다. 이는 리더의 음악적 전문성에 절대적으로 의존하고 있다는 말이다. 하지만 처음에는 리더에게 의존하더라도 점차 모든 파트 구성원이 함께 음악적으로 발전할 수 있는 방향으로 나가야 한다. 팀원들의 성장을 돕는 것이 리더의 역할이다. 성장하지 못하고 정체된 공동체의 자기 합리화는 이것이다.

'이 정도면 우리 정말 잘하고 있어.'

찬양팀이 모여서 리허설을 할 때 두 가지를 생각해야 한다. 하나는 당장 찬양할 곡들을 최선을 다해 연습하는 것, 다른 하나는 미래의 발전을 위해 파트별로 부족한 점을 보완하는 것이다. 간혹 음악적 전문성이 리더보다 뛰어난 팀원이 있다. 만약 리더가 공동체 발전에 관심이 없다면 이를 부담스럽게 여길 수 있다. 왜냐하면 자신의 음악성이 가려진다고 생각하기 때문이다. 찬양팀은 하나님을 찬양하는 공동체이다. 찬양팀이 음악적으로 성장하기 위해 한 공동체로서 노력하는 것이 바로 하나님께 최선을 드리는 태도다. 팀을 이런 발전된 방향으로 이끌어 갈 수 있는 리더가 진짜 리더다.

리더는 자신의 자리를 내어줄 수 있어야 한다. 리더보다 더 잘하는 사람이 공동체에 들어올 때 공동체는 리더의 가슴이 얼마나 넓은지, 공동체를 위해 리더가 얼마나 낮아지고 포기할 수 있는지를 보게 된다. 과거의 리더들은 자기 포기에 두려움이 있었다. 굴러온 돌이 박힌 돌을 뺀다는 말처럼, 능력 있는 사람이 들어오면 기존 리더가 위협을 느끼는 분위기였다. 지금은 많이 달라졌다. 자신보다 능력 있는 사람을 기쁘게 받아들이고 동역하는 리더의 모습에서 더욱 매력을 느낀다.

최근에 분당우리교회 이찬수 목사의 리더십이 주목받고 있다. 이찬수 목사는 교회가 대형화되면서 본질을 잃어가고 있다고 생각하여 교회의 분립을 선언했다. 교회 내부와 외부에서 탑 리더를 선정하여 일만 성도 파송 운동을 전개했다. 현재까지 총 29개의 교회로 분립하였고, 향후 안식년을 포함하여 2년 이내에 교인 수가 5천 명 이하로 떨어지지 않으면 사임하겠다고 선언했다.

리더의 내려놓음이 더는 실패의 이미지가 아니라 희생의 이미지로 바뀌었다. 사람들은 리더가 기득권을 포기하고 자기를 포기하는 모습에 열광한다. 오히려 내려놓음이 공동체를 더욱 단결시

킨다. 목회자를 바라보는 성도들의 인식도 달라졌다. 이제는 담임목사의 권위 아래 교회가 운영되기보다 건강한 서브 리더를 잘 찾아 세우는 리더를 요구한다. 앞서가는 대형 공동체는 유능한 서브 리더들을 잘 활용하고 있다. 이들은 서브 리더가 탑 리더의 역할을 주도적으로 감당한다는 점에서 과거 서브 리더와는 확연히 차이가 난다.

물론 다른 대형교회들도 이제는 서브 리더를 전면에 세우고 있다. 즉 탑 리더를 드러내기 위한 킹 메이커(King Maker) 역할을 하던 서브 리더들의 역할이 자신이 담당하는 공동체와 사역을 이끌어 전문화하는 매니지먼트형 서브 리더로 바뀌고 있다. 비슷한 대형 공동체라도 이 점을 유심히 살펴보면 아직 과거형 리더십에 얽매여 있는지, 아니면 미래형 리더십을 선도하고 있는지 알 수 있다. 킹 메이커 역할을 하던 서브 리더는 자신의 훈련에 제약이 많다. 후에 자신이 독립하여 공동체의 탑 리더가 되었을 때 비로소 탑 리더로서의 훈련이 부족했음을 깨닫게 된다. 그러나 매니지먼트 역할을 하는 서브 리더들은 이미 리더의 역할을 충실히 감당해 왔기 때문에 상대적으로 공동체를 잘 이끌 가능성이 크다.

다시 찬양팀으로 돌아가 보자. 이제는 뮤지션 제자를 미래의 사역자로 키워야 할 때다. 대부분 교회는 뮤지션이 부족하다. 약간의 사례를 하는 곳도 있지만, 여전히 자비량으로 봉사하는 경우가 많기 때문이다. 한국교회는 뮤지션들에게 사례를 지급하는 것에 아직 닫힌 사고를 가지고 있다. 다른 봉사자들도 순수하게 섬기는데 뮤지선들에게만 사례를 지급하는 것이 형평성에 어긋난다는 인식이 여전하다. 물론 교회는 신앙 공동체라는 특징이 있고, 교회 상황이 어려운 경우도 많다. 하지만 이는 음악이라는 분야의 전문성을 잘 이해하지 못한 측면이 강하다. 이 점은 교회가 각자 해석해야 할 지점이 있기에 이 책에서 결론 내리지는 않겠다.

어쨌든 찬양팀은 현대 교회에 필수적인 공동체다. 그런데 빈익빈부익부 현상으로 특정 교회에 뮤지션들이 몰리고 있다. 뮤지션이 필요한 교회는 어떻게 해야 할까? 찬양팀에 대한 장단기적인 전문화가 이루어져야 한다. 그렇지 않으면 발전하지 않는 공동체에 전문 기능인이 모이지 않을 것이다. 교회는 찬양팀을 지원하고 컨설팅을 받으며 변화시켜 나가야 한다. 그리고 교회의 건강한 인식을 위해 노력하고 무엇보다 다음세대의 뮤지션을 양성해야 한다. 가능하면 초등학생부터, 늦어도 중고등부 학생부터 시작해야 한다.

과거에는 이를 위해 학원에 다니는 것을 대안으로 삼았으나 최근에는 기존 찬양팀이 교회 안에서 가르치는 경우가 많다. 즉 크리스천 뮤지션으로서 음악 분야에서의 자기 제자를 만들고 예배와 찬양의 사역자로 키워가는 형태다. 실제로 내가 강의와 컨설팅을 맡은 교회에서는 기존 찬양팀 건반 연주자가 매주 토요일에 학생들을 모아서 레슨을 하고 있다. 일정 시간이 흘러 학생들이 기본적인 찬양을 연주할 수 있게 되었을 때 예배 현장에 투입하고 그 자리에서 피드백을 해 준다. 이런 식의 다양한 방법으로 다음세대 뮤지션을 자체적으로 양성해 나가는 것이 중요하다.

성장하는 리더가 되어라

사역에는 전문성이 중요하기에 공동체가 전문화되어야 함을 강조했다. 하지만 전문성이 있다고 해서 신앙이 좋은 것은 결코 아니라는 점을 반드시 기억해야 한다. 무대에서 찬양 잘하는 사람을 보면 그의 신앙도 좋을 것이라고 단정짓기 쉽다. 하지만 신앙은 음악의 전문성이나 찬양을 잘하는 모습만으로는 판단할 수 없다.

회중은 무대에서 찬양하는 사람들의 삶을 본다. 그들이 평소에 어떤 신앙의 자세로 살아가는지를 보고 무대의 모습을 판단한다. 그동안 한국교회는 어느 분야든지 천재적 재능이 있는 사람을 좋아했다. 다른 검증을 하지 않고 그 천재성만 바라보았다. 그래서 그가 하는 모든 말을 믿고 따랐다. 마치 유명한 아이돌 가수가 자기 생각을 말하면 팬들이 무조건 받아들이려고 하는 현상과 같다. 그런 이유로 찬양 사역에 천재적 재능을 보이면 그를 리더로 세웠다. 이것은 어떤 유명 사역자만의 이야기가 아니다. 우리 교회 안에 존재하는 작은 공동체에도 적용된다. 찬양팀에서 가장 음악적 재능이 있는 사람을 리더로 세우는 것은 어찌 보면 당연하다.

나를 찾아온 한 성도는 무대에 서서 찬양하는 사람 때문에 은혜가 안 된다고 하소연했다. 이유인즉, 그 사람의 문란한 사생활을 알고 있기 때문이었다. 또 어떤 성도는 찬양하는 사람들끼리 서로 다투고 있음을 알기에 그들의 찬양하는 모습을 보며 시험에 들기도 했다. 또 다른 경우는 악기 연주자가 평소에 주변 사람들에게 평판이 좋지 않고 늘 불평을 늘어놓기로 유명한 사람이라 그의 연주가 더욱 은혜가 되지 않는다고 했다. 찬양팀 리더가 그런 경우라면 어떨까? 어떤 공동체든지 특별히 신앙 공동체 안에서는 전문성과 신앙이 함께 성숙해져야 한다.

이와 반대로 신앙은 좋은데 전문성이 떨어지는 리더도 있다. 이런 경우에는 전문성을 가진 누군가가 불만을 토로할 수 있다. 그러나 신앙 공동체를 인도할 사람은 리더임을 잊지 말아야 한다. 찬양팀은 음악을 위해 모인 세상의 밴드가 아니다. 음악 외에도 관계와 소통, 신앙과 성숙함을 검증해야 한다. 무엇보다 공동체가 성장하도록 교육할 수 있어야 하고, 자신의 전문성을 공유할 수 있어야 한다. 그렇지 않다면 자신만의 팀을 만들려고 할 것이다. 따라서 리더는 신앙과 음악에 대해 기본적인 성숙함을 가지고 있어야 한다. 만약 그렇지 않다면 지금이라도 스스로 성장하기 위한 시간을 가져야 한다. 공동체가 성장을 위한 교육을 받아야 하듯이 리더도 성장을 위한 교육을 받아야 한다. 리더가 성장을 위한 노력을 보이는 것은 공동체를 교육의 현장으로 이끄는 가장 확실한 방법이다.

예를 들어, 목회자는 성경을 배워야 한다. 신학교 과정을 거쳤다고 해서 성경을 모두 배웠다고 말할 수 없다. 끊임없이 배워야 한다. 일주일 동안 사역에 집중하다 토요일 밤에 설교를 준비하는 것은 스스로 성장을 포기한 경우다. 일주일 동안 설교를 준비하고 예배 직전까지도 설교 원고를 살피며 더 보완할 내용이 있는지 연구해야 한다. 교사는 자신이 아이들을 가르칠 수 있는 성경 지식과 신앙에 대한 성숙함이 있는지, 아이들을 사랑하는 마음이 충분한지, 그들과 공감하고 소통할 수 있는 관계성이 있는지 살펴봐야 한다. 부족한 부분이 있다면 배워야 한다.

성도들이 자신의 성장에 소극적인 이유는 무엇일까? 일상에서 스스로 배워가는 과정이 없기 때문이다. 시간을 내어 세미나를 듣거나 선생님에게 교육을 받는 것도 필요하다. 하지만 평소 집에서 조금씩 자신의 성장을 위해 노력하는 것이 중요하다. 그런 일상의 노력이 외부에서 교육받는 일에 더욱 적극적으로 참여하게 만든다. 이런 사람은 실생활에 적용하는 모습을 보이며, 궁금한 것도 많다. 당장 이번 주일 공동체에 적용하고 싶은 갈급함이 있다. 공동체는 그런 준비 과정을 인지할 수밖에 없다. 팔로워들은 그런 리더를 알아본다. 리더가 얼마나 준비했는지, 얼마나 스스로 노력하는지를 안다.

나는 목회자이자 설교자다. 주일 설교 본문을 매주 화요일에 정해서 찬양팀과 방송팀에 전달한다. 일주일 내내 말씀에 관한 정보를 얻고 묵상하고 적용한다. 수요일에 원고를 만들고 계속해서 수정하고 보완한다. 토요일이 되면 삶에 적용할 실제적인 부분을 다시 손본다. 처음 작성한 적용점이 시간이 지난 후에 보면 민망하게 느껴진다.

'내가 이런 생각을 했구나. 이런 민망한 적용점을 성도들에게 설교하려고 했구나.'

후회가 든다. 이를 보완하기 위해 일상을 살아가다가 은혜로운 묵상이 있을 때 반드시 메모한다. 밥을 먹다가도, 가족들과 TV를 보다가도 적용점이 생각나면 메모한다. 자기 직전이어도 생각나는 것이 있으면 책상으로 간다. 메모지가 없을 때는 스마트폰 메모장을 활용한다. 나의 메모장에는 번뜩이듯 찾아온 묵상의 내용이 빼곡히 기록되어 있다. 이 습관을 들인 지 15년 정도 되었다. 10년 전에 이런 메모의 습관으로 책을 낸 적도 있다. 나는 그때까지 음악과는 거리가 먼 사람이었다. 음악을 전공하지도 않았고 음악에 큰 취미도 없었다. 찬양을 들어도 전통적인 찬송가를 선호했을 뿐, 당시 유행했던 복음송들을 그렇게 좋아하지 않았다.

그런데 어느 날 뜬금없이 찬양팀 총괄로 임명받았다. 그것도 로컬 처치의 찬양팀이 아니라 외부 사역을 전문적으로 하는 팀이었다. 모든 멤버가 음악을 전공하는 사람들이었다. 나는 할 수 없다고 완강하게 거절했다. 하지만 이내 내가 임명된 이유를 알고는 순종했다. 내가 음악은 잘 모르지만 음악 하는 사람들과 좋은 관계를 맺을 수 있으리라는 기대가 그 이유였다. 전문성보다 관계성이 더 중요하다는 취지였다. 나는 순종하고 팀을 맡았지만 여전히 어찌할 바를 몰랐다. 간혹 내가 찬양 인도를 할 때가 있었다. 나의 전통적인 방식들은 음악을 전공한 사람들에게 비웃음을 사기 충분했다. 악기를 연주하며 답답해하던 멤버의 표정이 아직도 생생하다.

"전도사님이 음악에 대해서 알아요? 알면서 그렇게 말해요?"

절대적으로 도움이 필요했다. 그래서 주변의 유명한 사역자들에게 도움을 요청했다. 그런데 아무도 공동체를 인도할 노하우를 알려 주지 않았다. 오히려 그들은 내게 반문했다.

"그런 방법이 있다면 나에게도 알려 줘."

책을 찾아봤지만 소용없었다. 국내에는 팀사역에 관한 책이 없었다. 몇몇 책의 한 챕터에 언급되기도 했지만 전혀 도움이 되지 않았다. 외국 책들은 우리와 정서가 너무 달라서 내용에 공감하기 어려웠다. 마지막으로 내가 선택한 것은 나의 경험을 하나하나 구체적으로 메모하는 것이었다.

'오늘 어떤 일이 있었는데 이렇게 해 보았다. 그런데 잘 안되었다.'

'또 비슷한 일이 있었는데 저렇게 해 보았다. 그런데 이번에는 일이 잘 해결되었다.'

그렇게 메모한 지 6년이 되었을 즈음, 우리 공동체가 어떻게 운영되는지 궁금해하는 사람들이 생겼다. 그분들의 질문에 그간의 메모를 바탕으로 답을 했다. 그분들은 너무 고맙다며 여기저기 소문을 내주었다. 강의 요청이 들어왔고 반응이 아주 뜨거웠다. 책을 내라는 요청이 들어와서 그 메모장을 정리하여 낸 책이 바로 《팀사역의 원리》이다. 이 책은 4쇄까지 인쇄되었고 개정증보판으로도 나왔다. 어려움에 처했을 때 적은 메모를 통해 나 자신도 성장한 것이다. '이름없는교회'를 개척하여 목회하고 있는 지금도 배우고 깨달은 내용을 메모하고 있다. 성장을 위해 몸부림치는 노력이 미래형 리더로 가는 길이다.

5부
미래형 공동체

11장

◻

미래형 소통의 원리

직언하게 하라

직언은 서브 리더가 탑 리더에게, 팔로워들이 서브 리더에게 공동체에 대한 올바른 방향과 결정을 건의하는 것을 말한다. 그러나 안타깝게도 이 직언으로 인해 서로가 너무나 큰 상처를 받고 있고, 공동체 안에서 활성화되지 못한 채 서로 악용하는 사례만 늘고 있다. 건강하지 못한 리더에게 직언은 불순종과 반역의 상징이다. 그러나 팔로워 입장에서 직언은 공동체를 위한 리더의 생각과 판단이 잘못되었을 때, 판단의 근거가 잘못되었을 때, 리더의 판단을 공동체가 감당하기 어려울 때 공동체를 위해 하는 충언이다.

그런데 리더가 직언을 싫어한다고 생각될 때가 있다. 팔로워의 직언에 리더가 공감할 수 없는 답을 내놓는 경우다. 예를 들면 논리와 근거 있는 대답을 내놓는 게 아니라 일방적 권위로 순종하라고 답하는 것이다. 또는 직언한 사람 앞에서 감정적인 말을 하거나, 어떤 결정에서 제외시키거나, 감정을 드러내는 눈빛을 보내는 경우이다. 이는 관계에 충돌을 일으킨다. 그리고 직언한 사람은 불순종과 반역의 이미지로 낙인 찍혀 공동체 안에서 어려움을 당하는 경우도 많다. 더 나아가 그렇게 해야 다음에 그런 직언이 올라오지 않는다는 식의 논리를 편다. 이것은 군대 같은 독재적 상하 조직구조에서 흔히 발생하는 문제로, 사실은 직언 자체를 인정하지 않는 리더십, 일방적인 공동체 운영 마인드 때문이다. 군대

식 조직 문화를 선호하는 단체나 공동체의 경우 이런 일방적인 권위 의식으로 운영되는 경우가 많다.

그러나 '직언'은 미래형 리더십의 핵심 요소이다. 오히려 잘 대처하면 리더가 존경받을 수 있는 통로다. 현재 우리가 사는 시대는 어떤 공동체든지 일방적인 수직적 권위구조를 좋아하지 않는다. 그것이 시대의 흐름이고 애초에 그 구조가 비성경적이기 때문이다. 예수님은 제자들을 가르치실 때 자세한 설명과 구체적이고 가시적인 기적과 대화식 설교 등을 활용하셨다. 그리고 '질문'을 받고 '답변'을 하는 방식을 사용하셨다. 이는 직언을 질문으로 대체하는 효과가 있었다. 무엇보다 모든 말씀에 스스로 본을 보이셨고 존경을 받으셨다. 성경은 예수님이 하나님과 사람 앞에 사랑을 받으셨다고 말한다.

리더는 직언을 들으면 대화의 자리를 마련하고 논리적인 설득과 이해를 구할 필요가 있다. 존경받는 리더는 더 정확한 근거와 통계, 논리로 설명할 수 있어야 한다. 바꿔 말하면 리더가 가장 정확한 근거와 정보, 논리를 가지고 있어야 건강한 공동체 운영이 가능하다는 의미이다. 근거가 근거답지 못하고 정확하지 않은 논리로 설명하면 직언하는 이들에게 큰 상처와 불신으로 남게 된다. 미래형 리더십은 주변의 직언을 수용하는 리더십이다. 직언을 들을 수 있어야 한다. 다만 건강한 직언을 할 수 있도록 가이드를 줘야 한다.

가장 중요한 것은 직언하는 사람의 태도이다. 직언의 내용을 정중한 태도라는 그릇에 담아야 한다. 실제로 리더 입장에서는 직언의 내용보다는 직언을 하는 사람의 태도에 문제를 느끼는 경우가 더 많다. 말하는 사람은 무엇보다 정중해야 한다. 리더의 결정에 이미 부정적인 감정을 가지고 불평하는 태도로 말할 경우, 내용과 상관없이 문제가 생긴다. 대부분의 건강하지 못한 직언은 감정이 앞서는 경우다. 팔로워들 안에서 리더의 지시와 판단에 대한 비난과 불평이 나오게 되면, 쉽게 반감을 갖고 리더를 찾아오게 된다. 그리고 이럴 때는 직언이 아닌 통보를 하게 된다. 직언을 들은 리더가 자신의 입장을 더 구체적으로 설명하며 설득하려 해도 이미 팔로워들 안에서 서로 다른 생각을 확정했기에 듣지 않는다. 결국은 서로가 감정이 상할 수밖에 없다. 직언의 자리가 서로의 감정을 확인하는 자리로 변질된다.

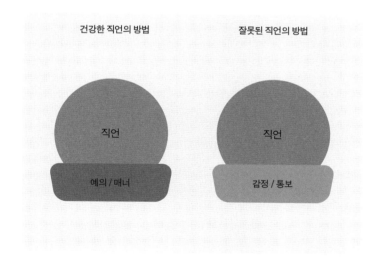

리더가 어떻게 해야 직언이 공동체에 유익이 되도록 만들 수 있을까? 첫째는 서로의 정서가 회복되어야 한다. 리더나 팔로워 둘 다 정서적으로 건강하지 못하면 정말 심각한 일이다. 하지만 어떠한 경우든 리더의 정서가 더 중요하다. 리더의 정서가 무너져 있으면 정중한 태도에 직언을 담아 와도 받아들이기 쉽지 않다. 직언 자체를 자신의 권위에 대한 도전으로 보기 때문이다. 반대로 팔로워의 정서가 무너져 있으면 태도 자체를 정중히 가져가지 못할 것이다. 그래서 내용보다는 감정에 더 치우쳐서 말하게 된다. 따라서 건강한 정서를 가진 사람이 리더가 되어야 하고, 건강한 정서를 가진 사람이 직언을 해야 한다. 공동체도 리더에게 직언해야 할 때 누가 대표로 말할지 고민해야 한다. 구성원 중 정서적으로 가장 건강한 사람이 적당하다.

둘째는, 건강한 직언을 위해 서로 간의 매너를 약속하고 이를 가르쳐야 한다. 팔로워들은 직언 자체가 어렵고 방법과 태도에 대한 교육을 받은 적이 없다. 따라서 리더는 직언할 때 어떤 태도와 방법으로 해야 하는지 잘 설명하고 가르쳐 줄 필요가 있다. 팔로워의 건강한 직언을 들을 때 리더는 유의 깊게 듣고 이해하기 위해 최선을 다해야 한다. 또 반박할 때는 논리와 근거를 가지고 충분히 설명해 주어야 한다.

성경은 말씀대로 사는 본(本)을 강조하고 있다. 섬김을 통한 사랑과 기도를 통한 대화와 소통이 중요함을 역설한다. 바울도 빌립보 교인들에게 디모데를 추천하면서 그의 본이 된 삶을 빌립보 교인들이 알고 있음을 추천의 근거로 밝힌다.

> 그들이 다 자기 일을 구하고 그리스도 예수의 일을 구하지 아니하되
> 디모데의 연단을 너희가 아나니 자식이 아버지에게 함같이 나와 함께
> 복음을 위하여 수고하였느니라. 빌립보서 2:21~22

리더 임명을 위한 검증제도가 없는 상태에서 리더의 권위만을
확보하려고 하지 말고, 성경의 여러 가지 신앙적 본이 적용되어야
함과 동시에 이 책에서 말하는 미래형 리더십의 제안들이 함께 적
용되기를 소망한다.

●● 고자질 대신 탄원하게 하라

표준국어대사전에 따르면 '고자질'(告者-)은 '남의 허물이나 비밀
을 일러바치는 짓'이다. 사전적 의미대로 고자질은 쉽게 다른 사
람을 공격하는 데 악용되는 경우가 많다. 많은 리더가 고자질의
사실 여부를 알아보지 않은 채 감정이 무너질 때가 많다. 더욱이
그 내용이 리더 자신에 대한 것이라면 더 민감해진다. 이 때문에
고자질은 공동체 안의 관계를 깨트리는 데 가장 많이 사용된다.
그런데 다른 사람의 잘못과 비밀을 말하는 것이 무조건 나쁠까?
남을 비난하려는 의도라면 이는 명백한 고자질이다. 하지만 남

의 허물이나 비밀을 보고하는 것이 다 고자질로 매도되어서는 안된다. 진심으로 상대방의 회복과 변화를 바라며 부득이하게 도움을 요청하는 경우도 있다. 이는 '탄원'(歎願)이다. 탄원은 내 억울하거나 딱한 사정을 하소연하며 상대방이 내 상황을 도와주길 바라는 것이다. 그래서 리더는 탄원을 들을 때 다음과 같은 사항을 확인하여 의도와 목적을 분별해야 한다.

첫째, 가장 먼저 양쪽 입장을 정확히 듣고 사실 여부를 확인해야 한다. 어떤 일이든 오해가 생기거나 사실이 왜곡될 수 있기 때문이다. 여기서 리더가 자주 하는 실수는 전달자의 내용을 확인 절차 없이 그대로 믿고 판단한 뒤, 당사자를 불러 감정적으로 대응하는 것이다. 이와 같은 대응은 서로에게 상처만 남는다. 이는 고자질로 인해 합당하지 않은 처벌을 가한 경우가 된다. 이런 일이 반복될 경우 팔로워들이 리더에 대한 신뢰를 잃거나 이를 악용하는 고자질이 공동체에 확산된다.

따라서 리더는 사실을 확인할 때까지 판단을 유보하고 당사자를 불러 진상을 확인해야 한다. 당사자가 객관적인 사실 확인이 됐고, 자신의 입장을 잘 들어주었다는 생각이 들 수 있도록 해야 한다. 그런 후에 양쪽 입장에 대한 근거를 가지고 정확하게 판단해야 한다.

이 과정에서 리더는 하나님 앞에 나아가 깊이 기도해야 한다. 먼저는 판단하는 자신에게 감정 기복이 생기지 않도록, 다음으로는 고자질로 인한 서로 간의 갈등과 상처가 회복되도록 기도해야 한다. 신앙 공동체에서 기도의 단을 쌓지 않은 지적은 반드시 상처로 남는다는 것을 기억하자. 기도가 쌓여야 감정보다는 긍휼과 사랑으로 권면할 수 있다. 리더는 권면할 때 자신의 감정을 드러내지 않는다고 생각하지만 사실 듣는 사람들은 민감하게 눈치챈다. 기도의 단이 없다면 인간적 노력으로 감정을 숨기는 정도에 머무를 수밖에 없다. 진실을 숨기는 연기만으로는 권면의 효과가 없고, 당사자의 마음에 감동을 주고 설득할 힘을 얻지 못한다.

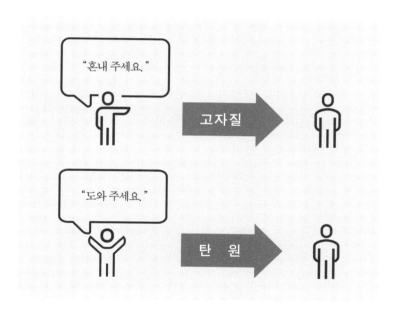

리더에게는 진지한 권면을 해야 할 때가 반드시 있다. 권면이라는 화살은 누군가를 향해 반드시 날아간다. 기도의 단을 쌓지 않고 쏘는 권면은 상대를 아프게 한다. 나는 리더의 자리에서 수

많은 화살을 쏜 경험을 통해 이 사실을 깨달았다. 지금은 길게는 한 달, 적게는 일주일 정도 기도하는 시간을 가진 후 권면한다. 기도하는 과정에서 영혼에 대한 진정한 긍휼과 사랑의 마음을 얻곤 했다. 그 마음에 권면을 담으면 하나님이 역사하신다. 기도의 쟁반 위에 권면을 담은 채로 대화를 나누면 은혜가 작용하는 경험을 한다.

만약 리더가 직언을 듣고도 움직이지 않는다면, 또는 기도의 단을 쌓고도 만나지 않는다면 이 문제는 반드시 다른 문제로 확대된다. 이 역시도 경험을 통해 알게 되었다. 그렇기에 리더는 이런 일에 반드시 해결의 화살을 날려야 하고 '문제의 본질'이라는 과녁에 맞춰야 한다. 이때, 개인의 감정에 치우쳐 화살을 날리지 못하거나 서툰 화살로 또 다른 상처를 주어서는 안 된다. 리더는 바로 그런 책임이 따르는 자리이다.

둘째, 고자질하는 사람의 의도를 잘 파악해야 한다. 의도는 전달자가 원하는 결과를 들어보면 알 수 있다. 상대방의 허물이나 비밀을 전달한 뒤에 리더가 어떤 결론을 내려야 하는지를 같이 요청하는 사람이 있다. 전달자가 어떤 서운한 감정을 가지고 그에 대한 처벌을 말한다면 이것은 '고자질'이다. 그러나 당사자에게 어떤 도움이 되기를 바라는 마음이라면 그것은 '탄원'이다.

고자질의 경우에는 확인과 기도, 권면의 단계로 해결해 나가야 한다. 그런데 탄원의 경우에는 그 내용이 사실이 아니더라도 그를 위한 마음 자체가 상처보단 위로로 전달될 수 있기에 빠른 시간

내에 당사자를 만나서 확인하고 도와주어야 한다.

　나는 어떤 사람의 탄원을 들어준 적이 있다. 그는 동료의 말에 자주 상처를 받는다고 했다. 동료는 별 의미 없이 말했을 테지만 당사자에게는 아주 민감한 일이었기 때문이다. 특히 동료가 말을 직설적으로, 거칠게 표현하는 것이 가장 큰 문제였다. 조금만 더 부드럽게 표현해 주기를 요청하기도 했다. 나도 그 동료의 말투와 표현을 알고 있었기에 공감이 되었다. 물론 상처 준 사람은 전혀 알지 못하는 상황이었다. 나는 어떤 대안을 원하는지 물어보았다. 다행히 고자질이 아닌 탄원이었다. 동료가 말투를 고치도록 리더가 나서 주기를 원하고 있었다. 처벌을 원하는 것이 아니라 공동체 전체에 유익을 주는 결과를 원한 것이다.

　나는 그 동료를 만나 권면과 함께《5가지 사랑의 언어》라는 책을 선물했다. 그리고 유익한 언어 표현을 공동체에 심자고 부탁했다. 이후에는 이 책으로 공동체 전체를 대상으로 강의를 했다. 결국 이 문제는 이렇게 공동체 전체에 도움이 되는 열매를 맺었다. 이처럼 '고자질'과 '탄원'에 대하여 리더로서 건강한 대응을 한다면, 이런 선례가 쌓여서 공동체가 리더를 찾아가는 목적과 방법까지 건강해질 것이다.

건강하게 뒷담화 활용하기

'뒷담화'(-談話)는 '당사자가 없는 자리에서 그 사람들을 헐뜯음, 또는 그런 말'이다. 사전적 의미의 뒷담화는 부정적인 표현이다. 그것이 정직하지 못한 대화이고, 남을 공격하는 무기로 자주 사용되기 때문이다. 많은 사람이 뒷담화로 인해 상처받는다. 내가 없는 자리에서 누군가 나에 관한 말을 한다는 것만으로도 기분이 좋지 않다. 이 때문에 리더들은 공동체 안에서 이 뒷담화를 제거하기 위해 노력하고 있다.

그러나 그 노력의 결과는 대부분 참담한 실패다. 그 책임은 공동체 구성원들의 건강하지 못한 인성 탓으로 돌아간다. 공동체는 이런 리더의 생각에 반대하며 무엇이든 변명해야 한다. 그렇게 리더와의 긴 줄다리기가 시작된다. 서로가 입장 차를 좁히지 못하고 어느 한쪽이 공동체를 나가야 해결된다. 결국 양쪽 모두에게 상처가 남는다. 이후에는 남아 있는 사람들과 나간 사람들 사이에 2차 대전이 일어나 또 서로 뒷담화를 한다. 시간이 지나 어느 정도 해결이 되었다 싶으면 이제는 남아 있는 사람들 안에서 다시 뒷담화가 시작되고 이런 일이 끊임없이 반복되어 공동체를 괴롭힌다. 그렇다면 이토록 해결하기 힘든 뒷담화를 어떻게 해야 할까?

뒷담화는 공동체 안에 있는 일반적인 대화 방법이다. 영국의 진화생물학자 로빈 던바(Robin Dunbar)를 비롯한 일부 연구자는 '사회적 정보의 가치가 언어 진화의 원동력으로 작용했다'고 하면서

"인류의 대화는 뒷담화를 하기 위해 시작되었다"라고 주장한다. 또한 뒷담화를 한국의 문화적 특성으로 보는 시각도 있다. 서양은 프라이버시를 중시하기 때문에 뒷담화를 즐기지 않지만 우리나라에서는 일상적인 대화에서 자주 사용하는 일반적인 대화법이다.

리더가 아무리 뒷담화를 하지 말라고 해도 공동체는 이 대화 방식을 버리지 못한다. 만약 뒷담화가 완전히 없어진다면 오히려 공동체의 소통에 문제가 생길 수도 있다. 분위기가 사무적으로 변하고, 일방적인 권위 아래 군인처럼 수동적인 일만 하는 상황이 벌어질 지도 모른다. 뒷담화를 무조건 부정적으로 생각하고 없애려 하기보다 적절하게 활용할 수 있어야 하고, 교육을 통해 건강한 대화법이 공동체 안에 자리 잡도록 노력해야 한다.

문제는 이런 뒷담화에 대한 리더의 잘못된 대응 방식이다. 리더도 사람인지라 뒷담화 자체를 감정적으로 받아들이기 쉽다. 공동체를 향한 실망감과 배신감으로 뒷담화의 최초 유포자를 찾아다닌다. 이 과정에서 "저는 아니예요", "저도 아닌데요" 하는 부인과 변명 속에서 사람들에게 실망하고, 지금까지 쌓아왔던 신뢰들이 무너진다. 한편 구성원들은 '리더가 나를 의심하네'라는 생각으로 리더에게 실망한다.

조금만 생각을 달리 한다면 리더와 공동체가 이런 불신의 사이클에서 벗어날 수 있다. 다른 의미에서 뒷담화는 공동체의 문제를 파악할 수 있는 가장 좋은 통로다. 공동체 안에 어떤 문제가 있는지를 파악할 수 있기 때문이다. 옛말에 "민심은 천심"이라고 했다. 조선 시대 왕은 백성의 민심을 듣기 위해 궁궐 밖으로 몰래 잠행(潛行)을 나갔다. 왕이 가는 곳은 바로 저잣거리로, 가게들이 늘어서 있는 시장이다. 백성들이 저잣거리에서 나누는 뒷담화를 듣기 위해서다. 왕은 그곳에서 퍼지는 소문들을 하늘이 백성을 통해 나라의 현실을 말해 주는 것으로 생각했다.

이처럼 뒷담화는 정말 오랜 세월에 걸쳐 공동체와 함께했다. 그렇기에 공동체와는 떨어질 수 없는 관계가 되었다. 미래형 리더십은 이 뒷담화를 잘 활용할 수 있어야 한다.

뒷담화를 건강하게 활용하기 위해서는 올바른 사용법이 필요하다. 리더는 이 방법을 교육해야 한다. 내가 리더로서 교육해 온 방법은 다음과 같다.

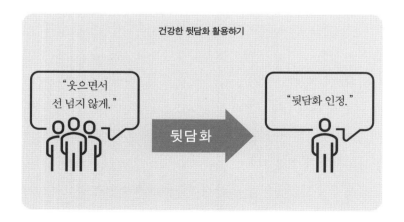

첫째, 공식적으로 뒷담화를 인정한다. 직장에서도 회식할 때 상사에 대해 적당한 뒷담화를 하는 것이 필요하다. 뒷담화를 통해 스트레스를 해소하기 때문이다. 어떤 상사는 일부러 자리를 피해 주기도 한다. 뒷담화를 공식적으로 인정해 주면 오히려 그 정도가 자제되는 효과가 있다. 이를 인정해 주는 것 자체가 오히려 젊은 세대에게 리더를 배려할 마음을 가지게 한다.

둘째, 뒷담화를 할 때 웃으며 하라고 한다. 진지하면 그 정도가 선을 넘게 될 수 있다. 뒷담화를 투정으로 끝나게 하기 위한 규칙이다. 웃음은 뒷담화의 결론을 제한해 준다. 반역과 배신, 불충의 결과보다는, 리더의 부족함에 힘들지만 다시 힘을 내자는 분위기가 된다. 그런 결론 안에서 뒷담을 하라고 가르쳐야 한다. 이런 공식이 세워지면 누군가 선을 넘는 뒷담을 할 때 공동체가 쉽게 반응하지 못한다. 기준이 정해졌기 때문이다.

과거에는 교회에서 익명으로 건의하도록 건의함을 만든 적이 있다. 기업에서는 익명 게시판을 이용하여 공개적으로 조직을 평가하고 비판하도록 한다. 그러나 신앙 공동체에서는 이런 방법이 어울리지 않는다. 어떤 방법이 신앙 공동체에 적당한지 여러 차례 다양한 테스트를 해 본 결과, 옳고 그름을 떠나서 그 방법 안에 녹아든 본질이 더 중요하다는 사실을 깨달았다. 그 본질은 바로 이것이다.

"오늘날 공동체는 리더가 자기를 포기하고 내려놓고 양보하기를 바란다."

마지막으로 팔로워들에 대해서도 언급하고 싶다. 오랫동안 리더로 살면서 어떤 방법으로도 지도하기 어려운 팔로워가 있다는 사실을 발견했다. 이런 사람은 리더의 권면이 조금이라도 자신을 향한 지적이라고 느끼는 순간 분노하거나 배신감을 느낀다. 그런 사람에게 리더는 아무 말도 할 수가 없다. 무슨 지적을 하더라도 난리가 나기 때문이다.

리더는 이런 사람의 태도를 지적할 수 있어야 한다. 리더는 할 말을 해야 한다. 현대의 공동체는 이런 팔로워에 대한 대안을 세우기 어렵다. 전문적인 회복과 치료가 필요한 경우이기 때문이다. 물론 건강한 공동체는 이런 팔로워조차 품고 갈 수 있어야 한다. 문제는 지금의 교회 공동체가 아직 그 정도로 건강하지 않다는 점이다. 나는 교회가 강해지는 과정 중에 있다고 믿는다. 공동체에 필요한 가장 기본적인 태도를 갖추지 못한다면 반드시 권면해야 한다.

합당한 권면을 거부하는 사람은 다른 공동체의 팔로워들에게도 신뢰받지 못한다. 이런 사람은 이미 다른 사람들을 힘들게 하고 있음을 알고 리더는 단호하게 징계해야 한다. 때로는 사람을 잃게 될 수도 있다. 하지만 공동체가 감당하지 못한다면 리더는 책임감 있게 결단해야 한다. 리더는 공동체의 한계를 잘 파악해야 할 의무가 있다. 어느 선까지 품고 갈 수 있는지, 자신들의 규모와 능력, 한계를 정확하게 아는 것 또한 미래형 리더십의 덕목이다.

지금까지 리더가 준비해야 할 사항을 살펴보았다. 문제의 본질

은 신앙의 약함과 정서의 약함이었다. 미래형 리더는 신앙의 기본
과 정서의 건강을 갖추어야 한다. 여기에 기본적인 전문성과 공동
체 성장을 위한 몇 가지 운영 방안을 나누었다. 이 모든 것을 마무
리하면서 마지막으로 다음 장에서는 미래형 리더십으로 나아가기
위해 특별히 요청되는 것들을 알아보자.

12장

미래형 공감의 원리

준비된 리더가 공동체를 이끌 때 과연 어떤 모습으로 보일까. 아마도 공자와 같은 성자, 세련되고 탁월한 능력자, 공감과 소통에 능한 사회성을 갖춘 자를 상상할 것이다. 어쩌면 반대로 내가 그런 리더가 될 수 있을지 걱정되고, 이루어지지 못할 열매를 요청하는 것에 반감이 들기도 할 것이다. 정작 이 책을 쓰는 나는 어떨까? 내가 첫 책 《팀사역의 원리》를 썼을 때 사람들이 질문했다.

"당신의 공동체는 과연 건강합니까?"

"당신은 그런 팀사역을 해내고 있습니까?"

이런 말들이 내게 얼마나 큰 부담이었는지 모른다. 그러나 나는 그렇게 질문하는 사람들에게 이렇게 말하고 싶다.

"리더들은 공동체에게 항상 높은 곳을 바라보라고 요구하지 않는가? 이루기 힘든 비전을 선포하지 않는가? 성도들에게 아주 높은 차원의 신앙적 성숙을 말하지 않는가? 그렇다면 스스로에게도 그런 요청을 해야 하지 않겠는가?"

우리는 목표를 가지고 오늘부터 하나씩 적용하는 노력으로 성장할 것이다. 현대의 공동체는 점점 빠르게 변하고 있다. 더는 완성된 리더를 요구하지 않는다. 사실 완성된 리더가 어디 있겠는가? 사람들은 성장하는 리더를 원한다. 당신의 리더가 당장에는 부족한 점이 많아도 변하기 위해 노력하고 있다는 사실에 신뢰를 보내자. 반대로 리더는 공동체를 믿어야 한다. 더 나아가서 자신의 성장을 믿어야 한다. 리더 자신과 공동체가 함께 이루어가야 할 미래를 밝고 희망차게 생각해야 한다.

마음고생을 하라

리더십에 대한 강의를 하고 소그룹으로 토론하는 시간을 가진 적이 있다. 한 리더가 나에게 말했다.

"오늘 강의 괜히 들은 것 같아요. 다 맞는 말이고 동의가 되는데 제가 그런 리더가 될 수 있을까 생각하니 자신이 없네요."

또 다른 리더가 말했다.

"우리 멤버들이 이런 리더십 강의를 들으면 나랑 비교할 텐데 참 민망해요. 나는 저런 리더가 아니니까요."

나는 그들에게 말했다.

"아니요, 그렇지 않습니다. 여러분은 이제 시작했습니다. 그 시작을 공동체가 알게 되었고요. 공동체가 어디서 몰래 이 강의를 들은 것이 아닙니다. 리더와 함께 들었습니다. 그렇기에 앞으로를 기대하고 환영할 것입니다. 당신을 응원해 줄 것입니다. 이제 당신은 더 건강한 리더로 성장할 것입니다. 또 팔로워들이 당신을 리더로써 더 신뢰할 것입니다. 적어도 당신은 노력하고 성장하기 위한 발걸음을 떼었으니까요."

성장하는 리더는 마음고생을 할 줄 알아야 한다. 리더가 마음고생을 하지 않으려고 하면 반대로 공동체가 마음고생하게 된다. 둘 중 하나는 이 수고로움을 감당해야 한다. 그래야 문제를 해결할 수 있고, 관계를 맺을 수 있다. 그런 점에서 리더는 늘 외롭고 고독하다.

미래의 공동체는 리더의 절대적인 권위를 인정하지 않는다. 정확하게 말하면 인정하는 방식이 다르다. 공감과 소통이라는 통로가 열려야 신뢰한다. 특히 공동체의 연약한 정서를 품어야 한다. 이제는 지적하고 야단쳐서는 공동체를 이끌지 못한다. 공동체 멤버들은 마음에 상처가 되면 공동체를 떠난다. 그만큼 정서가 무너져 있기 때문이다. 지적하지 않고 야단치지 않아도 깨닫도록 해야 한다. 그래야 공동체가 회복된다.

이를 위해 리더가 인내해야 할 때가 많다. 자신의 정서도 완전하지 않기에 홀로 가슴을 부여잡고 하나님 앞에 나아가 하소연해야 한다. 그런 시간을 통해 공동체의 상처는 아물고 회복되어 간다. 그런 점에서 마음고생은 리더의 숙명이다. 리더의 정서가 건강하다는 증거다. 희망을 가져라. 그런 마음고생은 반드시 열매를 맺는다.

공동체는 생각보다 눈치가 빠르다. 그런 리더의 외로움을 눈치채고 자신들을 위해 마음으로 헌신하고 희생하는 리더를 알아본다. 당장에는 몰라 주는 것 같아 속상하지만 시간이 지나면 모두가 알게 된다. 사실 공동체는 그런 리더를 간절히 찾고 있기 때문이다. 나는 개인적으로 이런 생각을 자주 한다.

'내가 저 사람을 위해 마음고생하는 만큼 저 사람이 회복된다.'

그래서 늘 하나님께 기도한다.

"마음고생할 줄 아는 리더가 되게 하소서."

이름없는교회의 네 가지 공감 행전

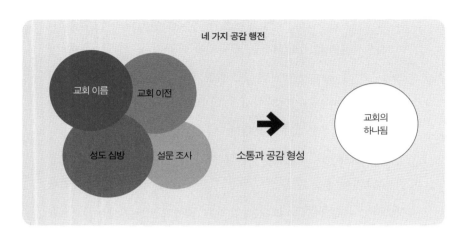

이름없는교회에서 시도한 '성도들의 공감을 위한 네 가지 방법'을 소개한다. 나는 이 방법을 '공감 행전'이라고 부른다.

① 이름 이야기

첫 번째 공감 행전은 공감을 얻는 교회 이름이다. 내가 섬기는 교회에는 3050 세대의 젊은 성도가 많이 모인다. 그래서 처음부터 이 세대와의 공감을 중요하게 생각했다. 그들은 건강한 교회에 대한 고민이 많다. 기성 교회가 여러 가지 문제로 무너지는 것을 보았기 때문이다. 많은 이들이 어른들의 일방적인 소통에 교회를 지쳐 떠나기도 했다. 이러한 이유들로 인해 건강한 교회에 대한 목마름을 가지고 있다.

나 또한 같은 세대로서 교회를 개척하면서 교회 이름부터 성도들의 공감을 얻고 싶었다. 그래서 이름 없이 빛도 없이 오직 예수 이름만 찬양하는 교회라는 의미로 '이름없는교회'라고 지었다. 이에 대한 어른 세대와 젊은 세대의 이해도가 완전히 달랐다. 어른들은 왜 교회 이름이 '이름이 없다'는 것인지 궁금해했다. 그러나 젊은 세대는 단번에 이해했다. '이름이 없다'는 것은 "빛도 없이 이름도 없이"라는 말처럼 유명세를 추구하지 않는, 그리스도인 본연의 정체성이자 삶의 태도다. 실제로 교회 이름을 보고 방문하고 등록한 성도들이 생겼다. 교회 이름에서부터 공감대를 만들어 냈다. 어떤 공동체든지 정체성이 가장 먼저 드러나는 것이 이름이다. 이름은 최전방에 놓인 정체성의 요새이다. 구성원들은 이 이름으로 인해 자신이 그 정체성에 참여하고 있다는 생각을 하게 된다. 이것이 첫 번째 공감 행전이다.

② 심방 이야기

두 번째 공감 행전은 심방이다. 교회는 중요한 결정을 할 때 공동체의 공감을 얻어내야 한다. 처음 교회를 개척할 때 김포 구래동에 50평 상가를 월세로 얻었다. 이후 성도들이 많이 모였는데, 대부분 30-50대였다. 나는 그들을 제자훈련으로 양육하고 동시에 심방을 했다. 이를 '공감 심방'이라 칭했다. 기존의 전통적인 심방과 차별을 두기 위해서였다. 기존의 심방은 성도의 가정에 특별한 이슈가 없는 한 심방 시간이 길지 않다. 그래서 '대심방'이라는 한

정된 기간에 모든 성도의 가정을 돌아본다. 대부분 짧게 예배하고 담소를 나누는 정도이다. 짧은 심방 기간에 되도록 많은 가정을 심방하는 것이 목적이기 때문이다.

그러나 우리 교회는 대심방 기간이 따로 없다. 대신 일 년 내내 심방을 하고, 한 번의 심방에 많은 시간을 할애한다. 보통 2시간이고 길게는 4시간도 한다. 예배가 목적이 아니라 대화가 목적이기 때문이다. 그래서 하루에 두 가정 이상 심방이 어렵다. 이런 심방 방식으로 인해 성도들이 자신과 가정의 상황을 아주 자세하게 나눌 수 있어 실제적인 목양이 이루어지는 효과가 있었다. 충분한 시간 동안 이루어지는 가정 심방이 이름없는교회의 두 번째 공감 행전이다.

③ 이전 이야기

세 번째 공감 행전은 공감을 얻는 교회 이전이다. 성도들이 계속 늘어나면서 개척 2년 만에 공간을 확장하여 이전해야 했다. 처음에는 아이들 예배 공간 문제로 논의가 시작됐다. 다행히 같은 상가의 같은 층에 있는 바리스타 학원을 주일에 대관할 수 있었다. 그러나 학원 사정이 어려워 언제 문을 닫을지 모르는 상황이 되었고, 엎친 데 덮친 격으로 교회 옆에 비어 있던 상가 자리에 마사지 업소가 계약을 했다. 아이들에게 교육적으로 좋지 않다고 생각하여 계약금을 우리가 물어주는 조건으로 계약을 해지시켰다. 대신 우리가 그 공간에 들어가서 공간 확장을 하려고 했다. 하지만 계약 과정에서 건물주와 여러 문제가 발생하였고 결국 계약이 불발되었다. 이런 상황에 외부의 다른 공간으로 이전하는 것은 재정 문제로 쉽지 않아 보였다. 나는 교회 이전이 어렵다고 생각하여 불편하더라도 기존 장소에서 더 머무르고자 했다.

그런데 뜻밖에도 일부 성도가 모여 이전에 대한 의견을 나누었고 담임목사인 나에게 건의했다. 그들이 십시일반 헌금을 모았고 이를 계기로 교회 이전이 결정되었다. 성도들이 먼저 공감하고 움직인 것이 내가 이전을 결단한 이유였다. '교회 이전'이라는 큰 문제에 성도들의 공감을 얻지 못하는 것은 리더십에 큰 타격을 준다고 생각했다. 그래서 이 과정을 모든 성도와 자세하게 나누었다. 감사하게도 단 한 명도 반대하는 사람 없이 순탄하게 이전이 진행되었다. 그렇게 개척 2년 만에 100평 상가로 확장하여 이전했다. 이 일이 우리 교회의 세 번째 공감 행전이다.

④ 설문 조사

네 번째 공감 행전은 공감을 얻는 설문 조사이다. 교회를 이전하고 2주 만에 코로나 팬데믹(COVID-19 pandemic)이 시작되었다. 교회는 온라인 예배로 전환했다. 넓어진 공간은 무용지물이 되었고, 성도들은 2년 동안 흩어진 채 온라인 시대를 보내야 했다. 그런데 하나님은 계속 새로운 성도들을 보내 주셨다. 2년 동안 성도는 두 배로 늘어났다. 이로 인해 다시 모여 예배하는 날을 더욱 기대하게 되었다.

방역 수칙이 완화되려는 시점에 나는 진지한 고민을 했다. 이제 소그룹 목장 모임을 시작해야 하는데 방역 수칙으로 사적 모임의 인원 제한이 있었다. 인원수가 많아서 오프라인 모임을 갖기 어려웠다. 어떻게 하면 다시 목장 활동을 권면할 수 있을지 고민했다. 이번에도 성도들의 공감이 필요했다. 공감이 없는 상황에서 오프라인 모임을 권면하는 것은 지혜롭지 못한 방법이기 때문이다.

이번에는 설문 조사를 했다. 목장을 사적 모임 인원에 맞추어 '개미형 목장'으로 재개편하자는 내용이었다. 이 과정에서 모든 성도에게 설문 조사를 하여 의견을 낼 수 있게 한 것이 놀랍게도 많은 공감을 얻어냈다. 개미형 목장으로 개편하는 것과 동시에 코로나 이후 다시 오프라인 예배로 돌아오려는 마음들이 모였다. 성도들은 교회가 자신의 의견을 들어주려 하고 자신과 공감대를 가지기 위해 노력하는 것을 알고 적극적으로 참여해 주었다. 실제로 개미형 목장으로 개편한 후 대부분의 성도가 목장 모임에 참여하게 되었다. 그리고 시간이 지나 이 글을 쓰고 있는 지금, 교회는 완전히 오프라인 모임으로 전환했고 95% 이상의 성도가 돌아왔다. 나는 이 모든 일이 먼저는 하나님의 은혜이고, 다음은 공감 행전의 결과라고 생각한다. 공동체는 공감이 원동력이자 양식이다. 차에 기름을 넣어야 움직이듯 공동체는 공감해야 움직인다.

주관 이름없는교회 ｜ 일시 2021년 8월 10일 ~ 8월 20일 (10일간)
방식 구글폼을 이용한 문자 접속 ｜ 유형 객관식 보기
대상 만 19세 이상 청장년 등록 성도 ｜ 참여 인원 84명

질문1 ●
개미형 목장(3~4명 규모의 목장)으로 개편하는 것에 대한 동의

결과   동의합니다 : 82명 (97.6%)
        동의하지 않습니다 : 2명 (2.4%)

적용_   당시 코로나 확산으로 인한 종교시설 방역 수칙 기준이 4명인 시기
        였다. 교회는 이후로도 4~6명 정도의 기준이 계속될 것이라고 예상
        했다. 그래서 목장 인원 자체를 방역 수칙에 의거하여 재배치할지 묻
        는 것이었다. 성도들은 대부분 동의했다. 동의하지 않은 2명은 개편
        자체에 동의하지 않았다.

● 동의
● 비동의

결과   적극 참여하겠습니다 : 70명 (84.3%)
다음 개편에 참여하겠습니다 : 8명 (9.6%)
목자의 1:1 케어가 필요하나 모임 참여는 어렵습니다 : 5명 (6%)

적용_   전체적으로 방역 수칙의 기준 안에서 허락된 인원이라면 오프라인 모임을 하겠다는 의지가 강했다. 그러나 5명은 모임보다 목자와 개인적으로 소통하고 싶다고 답했다. 이분들은 목장 모임 자체는 참여하고 싶으나 나라가 규정한 방역 수칙보다 더 조심스러운 마음이 있다고 했다. 그러나 방역 수칙 안에서 다른 성도들이 모이는 것에는 찬성하였다. 8명은 다음 개편에 참여하겠다고 답했다. 이분들 중 2명은 첫 번째 질문에서 동의하지 않는다고 답한 분들이고 다른 6명은 개편 자체에는 동의하나 개인적으로 코로나 상황이 회복된다면 참여하겠다는 입장이었다.

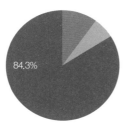

84.3%

● 적극 참여하겠습니다
● 다음 개편에 참여하겠습니다
● 목자의 1:1 케어가 필요하나 모임 참여는 어렵습니다

질문3 ● ● ●
향후 대면 예배 참여에 대한 의지

결과 대면 예배가 허용되면 꼭 참여하겠습니다 : 80명 (95.2%)
계속 비대면 온라인 예배로만 참여하겠습니다 : 4명 (4.8%)

적용_ 설문 당시는 종교시설 방역 수칙이 대면 예배를 허용하지 않았을 때
였다. 그래서 향후에 대면 예배가 허용되면 참여할 것인지 물었다.
80명은 꼭 참여하겠다는 의지를 보였고, 4명은 계속 온라인 예배를
드리겠다고 했다. 4명은 두 가정의 부부였는데 코로나가 시작되기
전부터 대면 예배에 잘 나오지 않았던 분들이다.

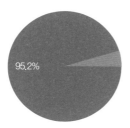

● 대면 예배가 허용되면 꼭 참여하겠습니다
● 계속 비대면 온라인 예배로만 참여하겠습니다

결과   대면 또는 비대면 예배에 매주 참여하고 있습니다 : 70명 (83.3%)
상황에 따라 불참할 때가 있습니다 : 14명 (16.7%)
전혀 참여하고 있지 않습니다 : 0명

적용_   설문에 참여한 사람들은 대부분 매주 예배에 성실히 참여하고 있었
다. 그러나 14명은 불참할 때가 있다고 했는데 이는 온라인 예배로
전환되면서 스스로 예배 참여에 게을러진 상태가 반영된 것이다. 설
문이 있기 전, 코로나가 시작된 초기에는 온라인 예배에 대한 호응도
가 높았지만 중반 이후에는 점점 온라인 예배가 힘들다는 피드백이
많았다. 이 질문에 대한 답변은 대면 예배를 갈망하는 성도들이 많음
을 증명해 주었다.

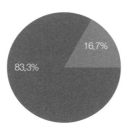

●대면 또는 비대면 예배에 매주 참여하고 있습니다
●상황에 따라 불참할 때가 있습니다

질문5 ● ● ● ● ●
부부 목장을 만들 시 참여에 대한 의지

결과   적극 참여하겠습니다 : 30명 (37.5%)
        개인 목장으로 참여하겠습니다 : 25명 (31.3%)
        둘 다 상관 없습니다 : 25명 (31.3%)

적용_   대부분 40대 중반까지의 부부들은 부부 목장에 참여하기 원했다. 그
        러나 40대 후반 이후로는 부부가 따로 개인적으로 참여하기 원했다.
        세대별로 참여 유형이 구분되었다. 또한 개인 목장으로 참여하겠다
        는 사항은 청년까지 포함되어 있다. 둘 다 상관없다고 답한 사람들은
        어떤 식으로든 교회의 결정에 따르겠다는 의미였다.

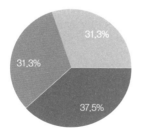

● 적극 참여하겠습니다
● 개인 목장으로 참여하겠습니다
● 둘 다 상관 없습니다

에필로그

우리의 미래는 하나님 나라다

이 책을 쓰려고 마음을 먹었을 때 가장 먼저 든 생각은 '나 같은 사람이 이런 책을 쓸 자격이 있을까?'였다. '한국교회 리더십'이라고 하면 나이 지긋한 교회 목사님이 연상되기 때문에 젊은 목회자가 리더십을 말할 때 마음을 열고 듣기가 쉽지 않을 것 같았다. 그럼에도 내가 이 책을 시작한 데는 세 가지 큰 이유가 있다.

첫째는 리더십에 대한 전통적 이미지가 많이 변했다. 시대가 교회 리더에게 요구하는 것이 달라졌다. 목사들의 타락을 보고 들으면서 성도들은 이제 교회 내 문제들에 대한 구체적이고 실제적인 분석과 지금 당장 실천 가능한 현실적 대안을 요구하기에 이르렀다.

둘째는 현재 상황의 분석과 미래의 대안에 확신이 있었기 때문이다. 《팀사역의 원리》를 출간할 때도 비슷한 고민을 했지만 결국 많은 분들이 공감해 주었고 실제 교회 현장에서 많은 열매를 맺었기에 자신이 생겼다.

세 번째는 하나님 나라에 대한 간절한 소망 때문이다. 하나님 나라가 이 땅의 교회에 임하고 세워지는 현장을 보고 싶은 간절한 소망이 있다. 우리가 숨 쉬며 살아가는 현재는 과거의 끝이 아니다. 우리에게는 미래가 있다. 그 미래는 결국 하나님 나라로 향한다.

그의 나라는 우리의 삶에 어떤 고난이 있더라도 믿음으로 이겨 내는 근거가 된다. 그저 하나님의 실존을 믿는 것만으로는 부족하다. 그의 나라가 얼마나 완전하고 위대하며 영원한지를 알아야 한다. 그리고 그의 나라를 이루는 은혜가 지금 이 땅에 어떻게 실제적으로 역사하고 있는지를 알아야 한다. 그럴 때 나를 지배하고 있고, 따라가야만 할 것 같았던 이 세상이 달리 보일 것이다. 눈에 보이는 세상과 비교할 수 없는 영원한 그의 나라를 보게 될 것이다. 지금 내 현실이 하나님 나라로 변해가는 현장이 되기를 소망하게 될 것이다. 그것이 지금 교회가 변해야 하고, 리더십이 변해야 하는 근본적인 이유다.

한국교회는 과거의 일을 회상하며 현재의 리더들에게 시쳇말로 "라떼(나 때는 말이야!)"를 강조해 왔다. 미래를 걱정하면서도 너무 앞서지 말라고 다그쳐 왔다. 언제까지 과거에 얽매여서 살아가야 하는가? 과거는 현재를 더욱 건강하게 만들어 주는 통로여야 한다. 이제 교회 공동체는 과거의 상처에 얽매여서 현재를 포기하거나, 더 밝아져야 할 미래를 과거의 역사라는 주머니에 구겨 넣고 끝내지 말아야 한다.

이 책은 신앙과 정서의 문제를 분석하고 대안을 제시했다. 인간은 누구나 부족하기 때문에 완전한 리더는 존재할 수 없다. 오직 예수 그리스도만이 완전한 리더이다. 우리는 그저 완전한 예수님을 본받아 믿음의 인생을 살아갈 뿐이다. 그 과정에서 일어나는 변화와 성장이 하나님 나라로 우리를 인도할 것이다. 그런 의미에서 미래형 리더는 예수님이 보여 주신 신앙과 정서를 배워야 한다는 미래적 과제를 제시한다.

성경은 예수님의 믿음만 소개하지 않는다. 신약 성경에서 우리는 죄인들과도 친구처럼 식사하시고 죽은 나사로의 무덤 앞에서 눈물을 흘리시며 십자가 위에서 아파하신 예수님을 본다. 당시 종교 지도자들을 향해 분노하시고, 혈루병에 걸린 여인을 긍휼히 여기시고 그녀를 치료하셨다. 산상수훈에 나오는 팔복의 말씀은 모두 인간의 정서를 표현하고 있다. 성령님은 어떠한가? 성령에 충만하여 항상 기뻐하라고 하셨고, 사도 바울은 성령의 은혜로 내면의 죄와 싸우며 괴로움을 호소한다. 이 모든 성경의 말씀을 통해 우리는 삼위일체 하나님의 '정서'를 배우게 된다.

마지막으로 이런 변화의 시도가 아직 늦지 않았다고 확신한다.

물론 세상은 이미 정서의 가치에 대해 한창 논하고 있다. 현재 이슈가 되는 책 중에는 정서와 관련된 책이 상당히 많다. 심리학자, 정신과 의사들도 책을 통해 정서의 가치를 적극적으로 알리고 있다. 교회도 정서 문제를 자유롭게 나눌 수 있어야 한다. 내 정서를 터놓는 데에 왠지 부끄럽고 자존심 상한다 혹은 영적이지 못하다는 이미지가 있다면 마음을 바꾸어야 한다. 정서의 가치를 알아야 한다. 이 책이 그렇게 정서의 가치를 찾게 하는 통로가 되기를 소망한다. 더 나아가 정서를 위해 기도하고 연구할 때, 정서가 치유되는 은혜가 임하길 바란다.

미래형 리더가 온다

초판 1쇄 인쇄일 2022년 8월 25일
초판 1쇄 발행일 2022년 9월 1일

지은이 백성훈
발행인 김은호
발행처 도서출판 꿈미
등록 제2014-000035호.(2014년 7월 18일)
주소 서울시 강동구 양재대로81길 39, 202호
전화 02-6413-4896
팩스 02-470-1397
홈페이지 http://www.coommi.org
쇼핑몰 http://www.coommimall.com

ISBN 979-11-90862-69-1 03230

도서출판 꿈미는 가정과 교회가 연합하여 다음세대를 일으키는 대안적 크리스천 교육기관인 사단법인 꿈이 있는 미래의 사역을 돕기 위해 월간지와 교재, 각종 도서를 출간합니다.